焚き火を囲んで聴く神の物語・新約聖書説教篇〈1〉

# 時が満ちて

## ――マルコの福音書 I

大頭眞一［著］
Ozu, Shinichi

YOBEL,Inc.

YOBEL
ヨベル新書
102

奥野清美（1962.1.16-2023.10.29）さんに

# 大頭先生、マルコ福音書説教集　贈る言葉

聖書と神学のミニストリー代表　上沼昌雄

大頭牧師との最初の出合いは、N・T・ライトの『クリスチャンであるとは』の翻訳刊行を兼ねての大阪での講演会の時でした。「自称神学ジャーナリストです」と自己紹介されました。その通りで神学的な視野の広さと、軽やかな足取りでの交流の広さに驚かされました。同じ大学の同窓生ということもあったのですが、知らないうちに焚き火を囲む群れに繰り込まれていました。私の「ウィークリー瞑想」をよく仲間たちに転送してくださいます。

その大学の哲学の教授であり、クリスチャンであり、しかも、アリストテレスの研究家でもある千葉惠先生の40年に亘るローマ書の研究の成果である『信の哲学――使徒パウロはどこまで共約可能か』という大著が2018年に刊行されました。その真意を見抜かれて、一緒に札幌の千葉先生の研究室を訪ねたことがありました。

実は千葉先生はパウロの内にみられるアリストテレスの視点が、ローマ書15章18節にあると指摘しています。パウロはイエスの語った言葉と行い以外のことは知るまいとその決意を述べています。その「言葉と行い」すなわち「ロゴスとエルゴン」はアリストテレスの哲学の骨子なのです。しかも千葉先生は、そのロゴスとエルゴンの完全な調和をもってこの地上に生きた方としてイエスをみているのです。

イエスにとって語ることと生きることの間には矛盾はなかったのです。そして私はその大頭版をみさせていただいています。互いに遠くに離れているのですが、メールでのやり取りも感嘆符的な単語のやり取りでことが通じてしまうのです。面倒な説明はいらないのです。

その大頭牧師が、言葉と行いの完全調和を生きたイエスに関する「マルコの福音書」の説教集を刊行されることになりました。神学ジャーナリストとして、それぞれの教派の神学的強調点を受け止めながら、なお直接的に自分の語る言葉に生きたイエスの生涯を訪ねる牧師としての今回の刊行を心からお祝い申し上げます。取りも直さず、大頭牧師が、牧師として語ること、そしてその言葉に生きること、その姿に励まされます。同時に、停滞しがちな神学の交流をさらに促して欲しいと願います。今回の刊行がその一助となると信じています。

２０２４年5月10日

# 時が満ちて——マルコの福音書 I

目次

# バプテスマのお方

聖書　マルコの福音書1章1～11節
1 神の子、イエス・キリストの福音のはじめ。
2 預言者イザヤの書にこのように書かれてい
る。「見よ。わたしは、わたしの使いをあなたの
前に遣わす。彼はあなたの道を備える。3 荒野で叫ぶ者の声がする。
『主の道を用意せよ。主の通られる道をまっすぐにせよ。』」
そのとおりに、4 バプテスマのヨハネが荒野に現れ、罪の赦しに導く悔い改めのバプテスマ
を宣べ伝えた。5 ユダヤ地方の全域とエルサレムの住民はみな、ヨハネのもとにやって来て、
自分の罪を告白し、ヨルダン川で彼からバプテスマを受けていた。6 ヨハネはらくだの毛の
衣を着て、腰に革の帯を締め、いなごと野蜜を食べていた。7 ヨハネはこう宣べ伝えた。「私

よりも力のある方が私の後に来られます。私には、かがんでその方の履き物のひもを解く資
格もありません。8 私はあなたがたに水でバプテスマを授けましたが、この方は聖霊によっ
てバプテスマをお授けになります。」9 そのころ、イエスはガリラヤのナザレからやって来
て、ヨルダン川でヨハネからバプテスマを受けられた。10 イエスは、水の中から上がるとす
ぐに、天が裂けて御霊が鳩のようにご自分に降って来るのをご覧になった。11 すると天から
声がした。「あなたはわたしの愛する子。わたしはあなたを喜ぶ。」

本当にようこそいらっしゃいました。また今日来ることができなかった方がたのためにも、祈っていきたいと思います。

さて、マルコの1章1節からの箇所は大切なところです。今日もこのところから短く聞いてまいりたいと思います。

ヨルダン川で不思議な光景が見られました。まったく普通の人に見える、みんながよく知っているナザレのイエス、大工ヨセフのせがれのイエスが、バプテスマのヨハネから洗礼を受けた。ほかの人たちと全く同じように洗礼を受けた。その時、父なる神の声が響いた。

天が裂けて御霊が鳩のようにご自分に降って来るのをご覧になった。すると天から声がした。「あなたはわたしの愛する子。わたしはあなたを喜ぶ。」（1・10〜11）

この時、主イエスが神の御子であって、そして父のみこころに従って世界に来られた救い主であるということが、明らかになりました。プロテスタントでもカトリックでもない、ロシア正教とかギリシア正教といった、正教というのがあります。プロテスタントやカトリックは西方教会、正教会は東方教会といわれ、かなり違うところがありますけれども、学ぶべきところも多くあります。ロシア正教会は東京神田のニコライ堂（正式名：東京復活大聖堂）で有名です。彼らは親指・人差し指・中指を合わせて立て、薬指と小指を折りたたんだかたちをして十字をきる。合わさった親指・人差し指・中指が三位一体《さんみいったい》を表しています。薬指と小指を折りたたんで、キリストは神であり、人であるとそういう神人二性といいますけれど、それを表している。とても大切なことなので、いつも彼らはこの手を子どもの頃から教えて、十字をきる。これはべつにまじないをしているわけじゃなくて、イエス・キリストの十字架を私は覚えますという、信仰を告白しているのです。その時、必ず三位一体と神人二性をあらわしている。つまりイエスさまは神さまなんだ。神さまが私たちのために来てくださって、神さまが私たちのために十字架にかかってくださった、ということを三位一体は表しています。そしてたたまれた薬指と小指は、神であり同時に人であることを表す。それがどういうことか、私たちにはわからないです。だけどイエスは同時に神であり人であった。だからイエスさまは確かに神さまなんだけれども、私たちと同じ弱い肉体や誘惑にさらされやすい心を本当に持っておられたのです。けれどもイエスさまは十字架の死に至るまで父のみこころに従いぬき、そして、私たちの贖《あがな》いを全うしてくださいました。なぜイエスさまは本当の人であるにもかかわらず、そのように従いぬくことができたのか。それは、このヨルダン川での洗礼で父がくだしてくださった聖霊による。ですから、父が聖霊をくだし、その聖霊によって御子が私たちを救うという出来事が起こっているわけです。父と子と聖霊、三位一体の神が総がかりで、すべての力を注いで私たちを愛して神の子としてくださった。私たちはそれほどに愛されている。私たちは、「自分は一生神の子として歩み通せるだろうか」、「自分はこういうことをしてしまった」と、不安に思うことがあるかもしれないです。あるいは洗礼を受ける時によくある質問に「私は今信じているけれど、ずっと信じていけるかわからないです」というのがあります。でも私たちは、お互いに励まし合うことができる。何故なら、洗礼によって降った聖霊が私たちを助けるからです。聖霊は、私たちを神さまの胸にとどまらせてくださる。自分の力じゃないんです。聖霊がそうさせてくださる。内におられる聖霊が私たちを保ってくださる。だから不安な時には自分で思い出したらいい。「大丈夫、私には聖霊の助けがある」と。お互いに思い出させ合ったらいいです。「私たちには聖霊の助けがあるから、大丈夫だ」と。大丈夫なんです。私たちが「私は信仰がまだまだダメなんです」というようなことを言って、鋼《はがね》のように強い、超人的な信仰者となることを目的だと思っているなら、それは大間違いです。そんなことを神さまは願ってはおられない。神さまは、神さまなしで、神さまを信じることができる人にしようなんて全然思ってないです。そうじゃなくって、「神さま助けてください」と言って、助けを受けながら神さまに従っていけばそれでいい。聖霊がそうしてくださる。あなたの内におられる聖霊がそのように歩ませてくださる。今日、いろんな不安もある中、どうして集うことができたのか。間違いなく聖霊の助けです。自分でそう思ってなくても、思ってなくてあたりまえだと思いますけれども。「そんなこと、教会に、礼拝に、行かないなんて考えもしなかったです」とおっしゃるでしょう。それこそ聖霊の助けです。だから聖霊が、私たちに豊かに働いてくださっています。

「私はあなたがたに水でバプテスマを授けましたが、この方は聖霊によってバプテスマ

をお授けになります。」（1・8）

バプテスマのヨハネはこう言いました。だけど実際ヨルダン川でみんなが聖霊を受けたわけじゃないです。実際に人びとが聖霊を受けたのは、使徒の働き2章1～4節に記された、ペンテコステの日でありました。

五旬節の日になって、皆が同じ場所に集まっていた。すると天から突然、激しい風が吹いて来たような響きが起こり、彼らが座っていた家全体に響き渡った。また、炎のような舌が分かれて現れ、一人ひとりの上にとどまった。すると皆が聖霊に満たされ、御霊が語らせるままに、他国のいろいろなことばで話し始めた。（使徒の働き2・1～4）

この時に信じる者たちに聖霊が降《くだ》った。ヨハネは「イエスさまがあなたがたに聖霊のバプテスマをお授けになります」と言ったのだけれども、それが実現したのはこのペンテコステの日でありました。**教会の誕生日**です。一人に降ったんじゃないです。そこに集ったイエスさまを信じる者たちに降って、そこに教会が誕生した。聖霊のお働きには、私たち一人ひとりに対して、イエスさまを信じさせ、神さまの胸にとどまらせることがあります。けれども、聖霊にはもう一つの働きがあります。それは教会を建て上げるという働き。私たちの信仰は、ともすると個人主義的な信仰、つまり私と神さまの関係が大切だと思いがちです。もちろん私個人と神さまとの関係は大切だけれども、聖霊は共同体としての教会を建て上げる。私たちを一つのキリストの体として建て上げる。それはカルトのように皆が同じことを言うとかでは全然ないんです。それぞれに違った人びとの、違った意見がぶつかり合う。つるつるの積み木同士はくっつかないですけれども、ジグソーパズルのようにでこぼこがあると、そこがかみ合って、強固な共同体が生まれる。聖霊は、違いのある、でこぼこな私たちならではの共同体を立ち上げてくださった。簡単なことではないです。いろいろ揉めたり、いろいろ誤解があったり、でもその誤解が解けたり、赦し合ったり、覆い合ったりする中で、聖霊はキリストの教会、共同体に仕上げてくださる。そして神さまは教会を通して福音を宣言されるのです。そしてこの世界の回復を進められる。それは教会が完全な共同体だからではない。私たちは教会や教会にいる人、また牧師について、「ここが足りない、あそこが足りない」と思いがちですけれども、だから私たちはまだまだ、と思うかもしれませんけれども、そうじゃないんです。地上において完全な教会はない。でも足りないところを補い合ってゆくということ自体が、この地上の教会の完全です。補い合いながら、こけたり、また立ち直ったりしながら生きていく。それが、この地上で神さまの愛がどういうものであるか現れていくことです。人びとにいろいろ違いがあっても、教会ってこのようにしてやっていくところなんだということが、神さまの愛が目に見えて現れているということです。

使徒の働き18章24～28節に、アポロという人物のことが出てきます。

さて、アレクサンドリア生まれでアポロという名の、雄弁なユダヤ人がエペソに来た。彼は聖書に通じていた。この人は主の道について教えを受け、霊に燃えてイエスのことを正確に語ったり教えたりしていたが、ヨハネのバプテスマしか知らなかった。彼は会堂で大胆に語り始めた。それを聞いたプリスキラとアキラは、彼をわきに呼んで、神の道をもっと正確に説明した。アポロはアカイアに渡りたいと思っていたので、兄弟たちは彼を励まし、彼を歓迎してくれるようにと、弟子たちに手紙を書いた。彼はそこに着くと、恵みによって信者になっていた人たちを、大いに助けた。聖書によってイエスがキリストであることを証明し、人々の前で力強くユダヤ人たちを論破したからである。

（使徒の働き18・24～28）

この人のことは、今一つわからないです。彼はイエス・キリストのことを正確に語った、霊に燃えていた、それなのにヨハネのバプテスマしか知らなかったと書かれています。何が問題なのか、よくわからないです。プリスキラとアキラ、この二人は夫婦で、家でもたれていた小さな群れであったエペソの教会に仕えていたのですが、彼らは欠けのあるアポロに対して「あなたは聖霊のバプテスマも知らないで、どうしてそんなことを言うんだ。黙ってなさい」とは言わなかったのです。そうじゃなくて、彼らは自分たちの家に招き入れ、泊まらせ、食べさせ、もてなし、そして福音を語って聞かせた。彼が伝道者として成長してゆく、その助けをした。その後さらに彼が「アカイアへ行きたい。アカイアで伝道したい」と言ったので、彼を送り出して大きな働きができるよう支えた。自分たちの方がよく知っているのです。アポロには何かよくわからないですけれど、欠けがあるのです。でもこの人も神さまから立てられた器だとわかったので、非常な謙遜と献身を持って、アポロを支えた。この謙遜と献身というのは、聖霊によるものです。聖霊によって、こうして教会は建て上がってゆきます。バプテスマのヨハネは「その方はあなたがたに、聖霊によってバプテスマをお授けになります」とイエスさまのことを言った。イエスさまはあなた方に聖霊のバプテスマをお授けになる。これはその時ヨルダン川にいた人たちだけのことではないし、ペンテコステの日にエルサレムにいた人たちのことだけでもない。今も「その方はあなた方に聖霊のバプテスマをお授けになります」という言葉は、キリストの教会で成就し続けています。みなさんはだれから洗礼を授けられたでしょうか。初代牧師の斎藤 亘先生でしょうか。私から洗礼を授けられた人もいると思います。だけどみなさんが授けられた洗礼は、目に見える牧師が授けているように見えるのですけれども、本当に私たちに洗礼を授けてくださったのは、イエス・キリストです。その方はあなたがたに聖霊のバプテスマをお授けになります。イエスさまが私たちにバプテスマを授けてくださった。だから私たちは「洗礼を受けただけだ」、「水をつけてもらっただけだ」なんて言ってはならない。イエス・キリストがあなたに洗礼を授けてくださった。イエス・キリストが十字架の血潮とよみがえりのいのちを持って、あなたに洗礼を授け、聖霊をくだしてくださった。このことを本当に大切にしなければならないと思うのです。だから私たちはイエス・キリストによって、洗礼を授けていただいた一人ひとりなんです。よく牧師が交代すると「私は〇〇先生の洗礼だ」、「いや、私は〇〇先生だ」と何かぎくしゃくすることがありますけれども、みんなイエス・キリストから洗礼を授けられたのです。みんなイエスさまから洗礼を授けられ、同じひとつの御霊をいただいた。だから一つなんです。○○先生というのは全然関係ない話です。聖霊によって新しく生まれた私たち。新しく生まれ、どう生きていくのか。わたしたちは教会という共同体の中で、日々愛し合い、赦し合い、覆い合うということを身に着けてゆくのです。そしてわたしたちの新しいいのちがますます輝きを増してゆく。

外の世界はどうなのか。コロナや様々なことを恐れ、動揺する。コロナを機会に「あなたがこうだから」、「あなたがこういうふうにするから、こうなんだ」といって批難する人もいるかもしれない。マスクを買い占めて、転売する人がいるかもしれない。世界は動揺している。恐れている。もちろんキリストにある者たちも動揺します。そしてボーっとしていればいいわけじゃなくて、キリストにある者たちも様々な状況に対応しなければならない。だけど私たちキリストにある者は、イエス・キリストから洗礼を授けていただき、聖霊を内に持っていること、神さまに抱きしめられていることを知っているので、あまり慌てる必要はないです。やるべきことを落ち着いてやったらいい。何もかも放りだして、自分だけが生き延びるために奔走する必要は全くないです。ですから教会はそのように愛し、愛されつつ、そして出て行って、福音を生きる。マタイの福音書28章16節、大宣教命令といわれる有名なところです。

さて、十一人の弟子たちはガリラヤに行き、イエスが指示された山に登った。そしてイエスに会って礼拝した。ただし、疑う者たちもいた。イエスは近づいて来て、彼らにこう言われた。「わたしには天においても地においても、すべての権威が与えられています。ですから、あなたがたは行って、あらゆる国の人々を弟子としなさい。父、子、聖霊の名において彼らにバプテスマを授け、わたしがあなたがたに命じておいた、すべてのことを守るように教えなさい。見よ。わたしは世の終わりまで、いつもあなたがたとともにいます。」（マタイ28・16〜20）

ここでイエスさまはバプテスマを授けるとおっしゃった。バプテスマはイエス・キリストがお授けくださるものなのだけれども、その尊い務めを教会にゆだねられた。だから私たちは新しいいのちを、こうして礼拝の中で新しくされて、そして落ち着いてこの世界に出て行く。それは人びとに福音を告げ知らせるためです。「もう大丈夫だ。もう大丈夫なんだ」と、「イエスさまが来てくださって、そして福音のいのちが、あなたにも今注がれようとしているんだ。大丈夫だ。あなたも私と一緒に、イエス・キリストを礼拝しようではないか。あなたも私と同じようにイエス・キリストから洗礼を授けていただいて、聖霊をいただこうではないか」と私たちは告げ知らせる。いつも言葉で伝道できるとは限らない。だけど私たちが愛の内に安心して愛し合って生きて、そして人びとをケアするその姿、それこそが伝道です。そしてどんどん増えていく仲間と共に、神さまと共に世界の破れを繕って生きていく、そのような幸いに今日も置かれています。

短くひとことお祈りします。

恵み深い天の父なる神さま、この朝もあなたは、「あなたはわたしの愛する子、わたしはあなたを喜ぶ」と、イエスさまに言われた言葉ではありますけれども、しかし、すでに神の子とされた私たちにも「あなたはわたしの愛する子、わたしはあなたを喜ぶ」と、今日もお語りくださっていることをありがとうございます。あなたは私の愛する父です。私たちもあなたを喜びます。尊いイエスさまのお名前によってお祈りいたします。アーメン。

# 試みを受けたお方

聖書　マルコの福音書1章12～13節

12 それからすぐに、御霊はイエスを荒野に追いやられ
た。13 イエスは四十日間荒野にいて、サタンの試みを
受けられた。イエスは野の獣とともにおられ、御使い
たちが仕えていた。

受難節第三の主日を迎えました。コロナウイルスのことが心配になる中ですけれども、ようこそいらっしゃいました。マスクをつけての二回目の礼拝になりましたけれども、しかしこのような中にでも神さまの恵みが豊かにございますことを、なお期待してみことばから聞きたいと思います。

ヨルダン川でイエスさまが洗礼を受けられた時に、聖霊がイエスさまの上に降《くだ》って、そして父なる神さまの御声が響き渡りました。「あなたは、わたしの愛する子。わたしはあなたを喜ぶ」、そういうふうに御声《みこえ》が響いた。ここのところは、本当にすばらしいなぁ、やっぱりイエスさまは神の子だと思うところなんですが、今読んでいただいたところ12節に、「そしてすぐ」という言葉があるわけです。そんなに恵まれたイエスさまのバプテスマ、そして父なる神の御声が、「これこそ我が子である」と、そのように恵みのみことばがあったすぐ後に、なんとイエスさまは荒野に追いやられてしまいました。そして荒野でサタンの誘惑を受けられました。とても意外に思えます。「神の子イエスが本当に神の御子《みこ》として恵みの中を生きていかれた」というふうに続くのかと思うと、いきなりの荒野です。

不思議なことがもう一つあって、マタイやルカの福音書の中では、サタンがこう言ってイエスさまがこう言ったというように、三つの誘惑についてかなり詳しく書かれています。このマルコの福音書は、ただひとこと「サタンの誘惑を受けられた」と書いてあるだけで、その中身について書いてない。それにはやはり理由があると思うんです。

私たちは多くの誘惑にさらされています。東日本大震災から九年が経ちました。今でも私は、あの頃の映像とかを直視できないところがあります。胸が潰れるような気がします。

「神さま、本当にどうしてなんでしょうか。あなたは本当におられるのですか」と叫ぶ人がいてもおかしくないと思います。私たちは毎日こういう世界の中で、「神さまは本当におられるのか」、「神さまは私を本当に愛しておられるのか」、「私は本当に神さまを信頼して、神さまの胸の中で、自分を与えて注ぎ出すというような生き方をしていても大丈夫なのか」と思い、「大丈夫じゃないかもしれない」、「もう自分のことだけ考えていようか」、「もう神さま神さまって言うのをやめようか」という誘惑にいつもさらされていると思います。マルコは、どうしてイエスさまの受けた三つの誘惑の中身を書かなかったのか。もし中身が書かれていれば、「石をパンに変えるとか、神殿の屋上から飛び降りるとか、これは神の子だから受けている誘惑であって私たちには関係ない」というふうに読むだろうと思います。しかし、ただ「イエスさまが荒野で誘惑を受けられた」と書いている時に、私たちは自分の受ける誘惑を、イエスさまの受けられた誘惑と重ね合わせて読むようなことができる。マルコの意図は、間違いなくそこにあっただろう。13節には、そういう誘惑の中で「御使いたちがイエスに仕えていた」ことが書かれています。御使いたち。つまり、神の恵みと守りが激しい誘惑を受けておられるイエスさまの上に注がれていたのです。誘惑を受けている私たちにも、同じことが起こっているということです。神さまが私たちをご自分の胸の中に抱きしめていてくださる。どんな誘惑の中にあったとしても、神さまはその誘惑をよくご存じで、そして私たちをご自分から放さない。放さない。そのことを私たちに置き換えて今日心に刻んでくださったらと思います。「そしてすぐ」、イエスさまは洗礼受けてすぐ。私たちも洗礼を受けてすぐ、そういう誘惑・試み・試練があったと思います。それがすぐ終わったかというと今に至るまで続いています。神さまが涙を全部拭き取ってくださるその時まで続いていくわけです。でも恐れるな。イエスさまに御使いたちが仕えていたように、その御使いたちを遣わした神さまの守りが私たちと共にある。

イエスさまは野の獣とともにおられたとあります。野の獣というのは、羊や牛やそういったおとなしい動物ではないです。「の」を外すと「野獣」ですから。狼なのかライオンなのか熊なのか、あの辺にいるのはそういうものですよね。凶暴な野の獣。そうすると私たちはなんか「イエスさまはターザンみたいだな」と思うかもしれません、動物を手なづけて。けれどもむしろここには、もっと大きなことが込められていると読むべきだろうと思うんです。一つはそういう危険な野獣の中でも主イエスは守られたということです。さっき申し上げたことと一緒です。神の守りはイエスさまが誘惑や危険な中にあっても守り抜かれたということ、だから私たちも神さまの守りがあるんだということ、さっき申し上げたとおりです。もう一つ、イザヤ書11章にこのような預言があります。

狼は子羊とともに宿り、豹は子やぎとともに伏し、子牛、若獅子、肥えた家畜がともにいて、小さな子どもがこれを追っていく。雌牛と熊は草をはみ、その子たちはともに伏し、獅子も牛のように藁を食う。乳飲み子はコブラの穴の上で戯れ、乳離れした子はまむしの巣に手を伸ばす。わたしの聖なる山のどこにおいても、これらは害を加えず、滅ぼさない。主を知ることが、海をおおう水のように地に満ちるからである。その日になると、エッサイの根はもろもろの民の旗として立ち、国々は彼を求め、彼のとどまるところは栄光に輝く。（イザヤ書11・6〜10）

このイザヤの預言はまだ成就していません。現実に狼が子羊と一緒にいたら、狼が子羊を食べるわけですから。これが成就するのは先ほど読んだヨハネの黙示録21章、この世の終わり、イエスさまがもう一度来られる時に、すべての涙が拭い取られる時に、被造物が互いに食い合ったり、傷つけ合ったりすることはなくなるわけです。だけど世界の終わりというのは、未来のどこかでいきなり突然〝バン〟と訪れるのではありません。イエスさまが来られた時に、もう世界の回復は始まっている。「終わりの始まり」と言います。世界の終わりは一瞬に来るんじゃなくて、時間をかけて終わりに向かっていく。完成していく。回復されていく。ですからイエスさまが野の獣と共におられたということは、もうそのすばらしいその回復がそこで始まったということ。イザヤが預言したことの成就は、イエス・キリストにおいて始まったことをマルコは「野の獣」を持ち出して言っているのです。

今の世界には破れがあることは、先ほどお祈りの中にもございました。神と人の間が破れている。人と人との間が破れている。人と野の獣や地球などそのほかの被造物との間に破れがある。コロナウイルスも破れの一つです。そしてこの破れは私たちを悩ませています。「もうこんな状況の中では何もできない。もう諦めよう。自分ひとりが愛するとか、教会に行く、とかいってもはじまらないから諦めよう」っていう誘惑はいつもあるかも知れない。けれども、イエスさまはもうすでに来られた。「コロナウイルスでこの世界どうなっていくんだろう」と思う。だけどイエスさまが来られる前と後では世界は同じじゃない。もう回復は始まっている。こうしている一日一日も、コロナウイルスにおびえる一日一日にも回復は進んでいて、時間は元に戻らない。この一日こうして礼拝を守っていく。この中でも涙が拭いさられる未来に向かって進んでいく。そんなふうに思えるとか感じるとか、そんなことはどうでもいい。起こっていても感じないことはいっぱい世界中にあるわけです。大切なのは「事実」です。そのことがもう起こっている。

ヨハネの福音書16章33節には、最後の晩餐の時にイエスさまがおっしゃった言葉が記されています。

これらのことをあなたがたに話したのは、あなたがたがわたしにあって平安を得るためです。世にあっては苦難があります。しかし、勇気を出しなさい。わたしはすでに世に勝ちました。（ヨハネの福音書16・33）

患難がある、誘惑がある、だけど平安がある。だから「この悩みさえなかったら、コロナウイルスさえなかったら平安になれるのに」ということではなくて、コロナウイルスの真ん中にあっても、いろいろな困難や不安の中にあっても、あなた方には平安がある、勇敢であることができるのです。その理由はあなた方のなかにない。もっと頑張れとかもっと信仰しろとかそういうことでは全然ない。そうじゃなくて、「わたしが勝ったから」とイエスさまは言うのです。十字架と復活によって、罪と死の力に「わたしが勝ったから」、だからもう世界は前と同じじゃない。イエスさまが来られる前と同じではない。「勝利」というと、力づくでイエス・キリストがご自分に逆らう者を組み伏せたと、イエスさまを信じないものをやっつけたと、そういう印象がありますけれども、そうじゃないんです。イエスさまの勝利というのはご自分を与えることによって、血を流すことによって得られる勝利。十字架と復活によって世界を変えられた。力ずくじゃない。自分を与えることによって勝利された。力ずくで人を支配するなんていうのは表面的な支配。力ずくで支配されている人は、機会があったら反抗してやろうと思って機会をうかがっている。でもイエスさまが来てくださったことは、世界を変え、人間を変え、人のあり方そのものを変えてしまう。それをイエスさまはしてくださった。世界のあり方そのものを変える。私たちのあり方そのものを変える。キリストの十字架そして復活は、そこまで徹底したものだった。私の存在そのものを造り変えていく。「私にはこういう所があります、ああいう所がありまず」と、私たちはいろいろ思いますけれども、そこにはもうイエスさまの回復は始まっている。その恵みをレントの四十日間、思い巡らし感謝し喜びたいと思います。

私たちはこうしてイエスさまのいのちの中におります。そしてそんな私たちをイエスさまは、「世界の回復のためにともに働こう」と招いてくださっている。ご自分一人でなさるんじゃなくて「あなたと一緒に働きたい」とおっしゃっている。「え？ この私ですか？」という私たちに対して「そうだあなただ。わたしはあなたと一緒にこの世界にいのちを回復したい」とイエスさまはそうおっしゃる。

コロナウイルスの影響で、明野キリスト教会でも、礼拝をどのように持つべきか祈り、さまざまに頭を悩ませ、日々新しい工夫を付け加えております。ほかの教会では礼拝を中止するという苦渋の選択をせざるを得なかったところもあります。大切なことは、これはこうするべきなんだという「正解」はただ一つじゃないし、いろんな回答があり得る訳です、いろんな。そしてどれが正しかったなんて結局わからないです。状況も違う。だから「正しいことをやればそれでいい。そうじゃなきゃ全部ダメなんだ」ということではない。人生も同じです。人生において何が正しかったか、何が正しくなかったかなんて、わからない。よく人は自分を責めて「私があの時ああいうことを言わなければ良かった」と言いますがそれはわからないことです。

1527年、ルターの宗教改革の舞台だったヴィッテンベルクの街にもペストが蔓延した。中世というのは繰り返しペストが蔓延していた。ルターはある牧師から「私はどうしたらいいでしょうか。この自分が遣わされている所に留まるべきだろうか、避難すべきだろうか」という手紙を受けて、返事を書いた。その中でルターは、牧師たちに、「不必要な危険を冒すことがないように」という戒めをしています。つまりその地域にほかに牧師がいるなら、みんなが危険に身をさらす必要がない。でも、「あなた方は牧師だろう。必要があるならば町を離れずそこに留まれ」とも言いました。当時は今のような衛生的なことがないので、留まるということは相当な確率で「死ぬことを覚悟しろ」、っていうことです。ルターの手紙そのものには「困難や危機の時はいつでも、私たちは隣り人と触れあう必要があり」と書かれていました。コロナウイルスの時にあって、触れあっちゃいけないっていうのが頭に叩き込まれているので、エッと思うかもしれない。けれども、ここでの触れあうというのは心のケアをすることです。みことばを語りキリストにあるいのちをそこに輝かせることです。肉体的な接触のことではありません。「その人たちに、じかに触れあうことが至上命令的に求められている。ある家が火災にあったとする。その時、愛は私にそこへと走らしめ、火を消しとめることを、いや応なしに迫るものである」。牧師たちに、「あなたの教区、あなたの教会に、今ペストにおびえ、ペストによって死んでいく人たちがいる。そんな人たちにあなたは走って行って『イエスさまは生きておられる。復活のいのちがある』と、そのことをあなたは伝えずにおられるか」と言っている。それが「神があなたを牧師として立てられている理由ではないのか」と言っている。でもあなた以外に働き人がいるならば帰ったらよい、どっちでもいいと、言っているわけです。とても自由です。何かをしなければならないというわけではない。私はこのことがわかりやすい例話だとおもいます。大震災の時に牧師は逃げてはいけないとか、そういうことではないのです。

礼拝を中止するか否か。こういう状況の中では「礼拝を死守しなければならない」と叫ぶ人びとも必ず現れるわけです。「それが神さまに対する忠実なんだ。それがクリスチャンの生き方なんだ」と言う人も出てくるかもしれないけれども、そういうことではないと私は思います。だからといって「一番安全な方法をとって何もかもやめましょう」というのも違うだろうなと思います。そうじゃなくて、礼拝を中止するか、しないか、ほかの集会を中止するか、しないかよりももっと大切なことがあって、それは牧師たちだけでなくてすべてのキリスト者にとって一番大切なことです。それは、礼拝があろうがなかろうが、どういう判断を下そうが、その「置かれた状況の中で愛を注ぎ出し続ける」ことです。世界は災害や疫病に悩んでいる。けれども災害や疫病そのものよりも、本当に耐えがたいのは、災害や疫病が露わにする人の心の破れがあるということです。心ないことが行われたり、心ない言葉が投げつけられたり、互いに争いがあったりする。こういう時に、人の心の破れが露わになってくる。教会の中でも、ひょっとすると礼拝を中止するかしないかで争いが起こることもあるかもしれません。みんな良かれと思って言うんです。「うちはこんなことでいいんですか」、「もっと信仰に立たなければならないんではないんですか」、「あんたは信仰がないんじゃあないんですか」と言おうと思えば言えるんです。あるいは「あなたは全然公衆衛生に関する概念がない。そんな無知ではダメなんだ。資格はない」と、言おうとすればなんぼでも言えるわけです。だけどそうじゃなくて、そうやって私たちの心の破れをかき立てようとする現実、そしてそういう誘惑がある。

でもその中で、私たちは既に新しく造られたのです。新しいいのらを持っている私たちが、そんな心の破れが渦巻くこの世界のど真ん中で、イエスさまが与えてくださった新しいいのちを、そしてその新しいいのちを絶えず新しくし続けてくださる神さまの恵みによって、この世界の破れを人びとの心の破れを繕っていく。礼拝があってもなくても、どっちでもかまわない。それはどっちかに決めなければならないけれども、おそらくどっちもちょっとずつ合っているし、ちょっとずつ間違っている。結局どうすれば良かったか最後までわからない。でもその中で最善を尽くしつつも、最も警戒するべきは私たちの内に入り込んでくる「心の破れ」です。それを互いに繕い合うことです。破れは必ず入り込んでくるのであわてる必要はない。自分を責める必要もないし、相手を責める必要もない。熱心なあまり、いろんなことを言っちゃうっていうのはよくあることです。でもそれを許し合い、覆い合い、繕い合っていくこと所に、神の民の生き方があり、そこから始まってこの世界の破れが繕われてまいります。

「神さまがおられる」というのは、ドキッとするようなことだなと思うんです。「神さまがおられるから平安」というのはそうなんですが、本当は平安ばかりではないんですよ。神さまがおられるということ。「あ、神さまは今の私の心を見ておられるんだな」と思うことは、言わば恐れるような感情でもある。でも、本当に恐れなのかといったら、ただ怖いということでもない。そうじゃなくて、そう思う私に対して、「そうかあなたはそう感じたのか。でも大丈夫だ。わたしがその不安もその怒りも抱きとめてあげる」とおっしゃる方が、本当に私の目の前に、私の内に、私の上に、私の下に、そして私の仲間たちの中にいてくださるということは、これはドキッとするような、怖いようなうれしいような、でもやっぱり心が「ああそうか」と本当に納得することだと思います。納得するだけじゃなくて私たちの心が動き出すような、そんな神さまがおられることは、ドキッとするような現実なのだということを思います。このお方と共にこの一週間も歩んで参りましょう。この世界の中にわたしたちを注ぎ出しながらゆるし合いながら歩んで参りましょう。

短くひとこと祈ります。

恵み深い天の父なる神さま。この朝も少数の者たちでありましたけれども、でもこうやって励まして強めてお送りくださいました。そのことをありがとうございました。またこの朝、だいじを取ってお家で礼拝をささげておられる方がた、あるいは病の中で横たわっておられる方がた、それらの方がたも、こうして出かけてくる危険をおかすことがなくて済んだことも感謝します。どうかあなたの本当に恵みが、御霊が、この一週間も私たちを支配してください。そしてドキッとするような、ドキドキするようなあなたと共に、この世界の破れのために使わされていくことを、支えて導いてください。尊いイエスさまのお名前によってお祈りいたします。アーメン。

# 宣言するお方

聖書　マルコの福音書1章14～15節
14 ヨハネが捕らえられた後、イエスはガリラヤに行き、
神の福音を宣べ伝えて言われた。15「時が満ち、神の
国が近づいた。悔い改めて福音を信じなさい。」

受難節第四主日の礼拝にようこそいらっしゃいました。今日はコロナの中でも、たくさんの方がたが来てくださって、やっぱり嬉しいです。しかし今の状況ではみなさんぜひ礼拝にお越しくださいとは申し上げることができないので、無理のない範囲で、しかし気を付けながらでも神さまのみことばを聞き、神さまを賛美したいと思います。

さて今日の箇所ですが、ヨルダン川でイエスさまはバプテスマをお受けになって、そし

て荒野の誘惑を経て、今日の箇所から主イエスの福音の宣教が始まります。「福音の宣教」の「福音」とは何か。

「時が満ち、神の国が近づいた。悔い改めて福音を信じなさい。」（1・15）

このように、「福音」が一番短く要約されています。これがイエス・キリストの福音です。「時が満ちた」の「時」という言葉は、実は特別な言葉です。普通、「時」というのは「クロノス」と言う。時計のことを「クロノグラフィー」と言いますが、あれは「クロノス」という言葉から出てくる。だから普通の時間を語る場合、ギリシア人は「クロノス」という。ところがここで使われている「時」は、全然違う言葉です。「カイロス」という言葉、これはチャンスを意味する言葉です。今イエス・キリストが来られて、決定的なチャンスが世界に訪れた。「時が満ち」というのはそういうことです。決定的なチャンスがやって来た。この世界は破れに苦しんでいる。神と人との間が破れ、人と人との間が破れ、人と環境との間が破れている。だから今まで見たことがなかったような、コロナウイルスがやってきたりする。その破れに世界は苦しんでいる。人と人との間が破れてしまっている。人と環境との間が破れてしまっている。何よりも神と人との間が破れてしまっている。その破れを繕う決定的な回復のチャンスが、イエスさまが来られたことによって訪れた。時が満ちたんです。二千年前に時が満ちた。決定的なチャンスが二千年前に訪れて、今も続いている。しかしこのチャンスはとてもチャンスには見えない状況で起こった。14節にこうあります。

## ヨハネが捕らえられた後（1・14）

このヨハネと言うのは、バプテスマのヨハネのことです。バプテスマのヨハネは、当時のユダヤの王様のヘロデに対して、「あなたは非常に間違ったことをしている、結婚関係を汚している」と指摘した。そのために捕《と》らえられたんです。この後もうすぐ首を切られて死んでしまう。イエス・キリストが来られて、新しい時代が始まるっていうことを預言したバプテスマのヨハネが捕《つか》まえられてしまった、その状況の中で、時が満ちた、チャンスがやってきたと語られたわけです。だから人間の目から見るならば全然チャンスには見えないんです。せっかくバプテスマのヨハネが新しい時代を宣言をしたのに、もうダメなんじゃないか、どんどん迫害されてダメなんじゃないかという状況の中で、福音の宣教が始まった。チャンスはなくならない。イエスさまが始めてくださったチャンスは、どんな状況の中でもなくならないんです。人の目には、いろんな迫害があります。ほかにも教会の高齢化とか、牧師の少なさとか、いろんな問題があるかもしれない。だけどチャンスはなくならない。それは時を満ちさせたのは、人間の努力ではないから、神さまが始めてくださったことだからです。コロナウイルスの中でもチャンスはなくならない。今もチャンスはここにある。だってみなさんこうして、ここに集っておられる。集まれなくとも、現にYouTubeライブ礼拝で、体調をくずされている一人の姉妹と、入院されておられる一人の兄弟がYouTubeライブでこの礼拝に参加されています。こういうことは、コロナの前では明野キリスト教会としても考えられなかった。ちょっとそういうことは難しいんじゃないかと思っていた。そういうもので礼拝をするというのはどういうことかと、躊躇もあった。だけどコロナによって今ここに集うことができない人たちも、今福音を聞いている。神さまが始められたチャンスをつぶすことはできない。なくならせることはできない。コロナの中でも、コロナを用いても、神さまは福音を宣言され、世界の回復を前に進めていかれる。世界の回復っていうのは他人事じゃなくて、まずあなたが回復される。あなたの傷ついた思いが、あなたがほかの人の心や思いに耳を傾けることができないようなそのような思いが、そのような心のこだわりが——神さまによって愛されて、回復させられていく。そして人の言葉を、その言葉を文字通り聞いて腹を立てたり、絶望したりするのではなくて、その心の、その言葉の奥にある本当の思いを聞き取ることができるような、身を低くして聞き取ることができるような、そのような回復を私たちひとりひとりにもたらしてくださって、世界の回復が進められていくし、もうすでに進められているということを覚えておいていただきたいと願います。もうチャンスが来ている。決定的なチャンスが始まっていて、このチャンスを失くすことは、何者にもできないことをこの朝も確認していただきたいと思います。

続いてイエスさまは、こう言います。

「神の国が近づいた。」（1・15）

これは決定的に近づいた、あるいは、「神の国は来た」と翻訳しても間違いではないんです。神の国は来たんです。イエスさまが来られたことによって、神の国が来た。神の国とは何かというと、日本とか、アメリカとかそのような国じゃなくて、神さまの支配のことです。御子が来られたことによって、神ご自身が歴史の中に決定的に踏み込んで来られたんです。御子の十字架によって私たちを苦しめてきた罪と死の力を打ち砕いて、罪と死の力の中にあった私たちをご自身の支配のもとに置いてくださった。ローマ人への手紙3章24〜26節にはこうあります。

神の恵みにより、キリスト・イエスによる贖《あがな》いを通して、価《あたい》なしに義と認められるからです。神はこの方を、信仰によって受けるべき、血による宥《なだ》めのささげ物として公に示されました。ご自分の義を明らかにされるためです。神は忍耐をもって、これまで犯されてきた罪を見逃してこられたのです。すなわち、ご自分が義であり、イエスを信じる者を義と認める方であることを示すため、今この時に、ご自分の義を明らかにされたのです。（ローマ3・24〜26）

「今この時」。それはパウロの時だけじゃない。イエスさまが来られてから後のすべての時は、「今この時」なんです。決定的にチャンスが訪れた時。神の国がやって来たその時。

今ここで礼拝を守っているこの時。神ご自身が義であり、イエスを信じる者が義とされる、そのような時が始まっている。イエスさまが来てくださったこの時代はもう、神さまの支配の中にある。いろんな不安があるかもしれない。いろんな出来事が起こってくるかもしれない。だけど恐れることはない。何故なら、この世界を支配しておられるのは神だから。どんなことがあっても、神さまはこの世界を、この時代を、この私たちを支配しておられる。

私たちは主イエスを知らなかった頃、自分を主人公とし、自分を王として生きてきた。「私の言うことを、みんな聞かなければならない。だから、どうして私の言うことを聞けないんですか」、そうやって私たちは、泣き叫ぶようにして生きてきた。みんなそう思っているので、みんなが「私が一番だ」と言って、「私のことをわかってくれないと」言って泣き叫ぶならば、そこには平和はない。お互いに分かり合うこともできないわけです。叫んでいるだけで聞いてないから。自分が主人公であるって悲劇的なことですね。本当は主人公じゃないのに、主人公のようにふるまうことは悲劇的なことです。世界の主人公は神であり、世界の王は神だから。自分で勝手に自分を王と思い込んで、そんな王国などないのに、偽りの自分の王国に生きてきた。だから今決定的なチャンスが訪れて、決定的に神の支配が始まった以上、私たちは決断しなければならない。偽りの王国の中に留まり続けて、裸の王様のように、「みんな私のいうことを聞くべきなんだ」、「あの人は私に嫌なことをいうからダメな人なんだ、いらない人なんだ」とそういうふうに思い込んで架空の王国の中で生きていくか、それとも、「神さまこそが、あなたが主人公です。あなたが王です。あなたが支配されておられます。そのことを認めて、私も神の国に、あなたの王国に加わります。主人公としてではなく、しもべとして、国民として、たくさんいる国民の一人にすぎない国民として、あなたを王として仰ぎます」と、決断しなければならない。それが悔い改めです。悔い改めというのは、方向転換なんです。あっちを向いていている人が百八十度こっちを向く、自分の方を向いている人が神さまの方に百八十度方向転換をすること。これが悔い改めです。

悔い改めというのは、もう一つの意味があって、罪を告白するというのも悔い改めといいます。その二つは密接に関係しています。だけど、「私は悪いことをしました。ものを盗みました。嘘をつきました」それで悔い改めが済んだとは思ってはならない。そうじゃなくって、本当の悔い改めは、私は盗んだとか、嘘をついたとかいうことよりも、はるかに大きな根深い罪を、犯していました。私が主人公だから、人の物であっても私は盗ってもいいと思っていた。ばれなければいいと思っていた。本当のことじゃなくても、嘘をついてその場をやり過ごせればいいと思っていた。それは、自分が王であり、自分が主人公だからそう思っていた。じゃあなんで盗んだり、嘘をついたりしていたのか。そこには自分が王であるっていう一番大きな根深い罪からそれらの行動や言葉が出てきていた。知らなければならない。私たちは本当に悔い改めるべきは、あれをしたとか、これをしたとか、そんなことならもう忘れてしまったことはもうたくさんあるわけです。忘れてしまったことはもう悔い改めることはできないんです。それよりももっと大切なことは、私は今まで、こんな私を王だと思って、主人公だと思って、俺は王なんだ。俺は主人公なんだ。ということを世の中に押し付けて、それを認めない人には怒り、妬み、腹をたて、そんな私の在り方が、生き方が罪でした。このことが本当の悔い改めです。王である神に背を向け、仲間である人びとの間でも自分が王だと言って生きてきた。そのことを認めなければならない。

ですから福音を信じるということは、キリスト教の有り難い教えをただ理解して、「そうですね」と同意を示すことだけではない。そうではない。そうじゃなくって、神さまが王であること、そして私を支配しているお方であることを受け入れ、受け入れる時に、私は神の国に受け入れられる。これが、福音を信じるということです。私がだれであるかが変わってしまう。王であった私が、神のしもべになる。福音を信じるならば、生きる目的が、毎日何をやって生きるかというのが変わる。これから後は神さまと共に、この世界の回復のために仕えていく。家族のお世話をされている方がおられるかもしれない。オムツを替えたりするいろんな場合があるかもしれない。福音を信じようが、信じまいがやっていることは同じです。でもこの破れた世界に、破れた世界の中で、身体の自由が利かず痛みを覚えておられる方のために、愛を持ってこれがこの世界を回復させる第一歩なのだと思って、心を込めてオムツを替えるのと、しょうがないから嫌々するのとでは違う生き方、違う人間のやっていることだと知っておきたいと思います。

コロナのために今世界のキリスト教会は、礼拝をどのようにするのかということを苦悩しています。私もひんぱんに教団の牧師たちや、あるいは近隣の牧師たちと連絡を取りながら、また役員会の方がたとも相談しながら、毎週毎週、今週はどうしようかということを考えています。ドイツの場合はルター派教会が国の教会なので、州ごとに教会会議というのがあって、大きな方針を出している。バイエルン州の教会会議は「礼拝は当分の間断念するように」という勧告をしました。また、「礼拝だけではなくて、洗礼も、幼児洗礼を受けた人が自分の口で信仰を告白する堅信礼も、あるいは結婚式も当分の間、自粛するのがよいのではないか」と勧告したわけです。葬儀は別です。葬儀は待てないから、葬儀はする。しかし礼拝で集まることを自粛したとしても、キリスト教会が福音を告げること、福音を喜ぶことをだれも妨げることはできない。何も妨げることはできない。バイエルン州の教会会議はこう続けています。「今レントの時期、希望のイースターの祝いへ向かって正しいかたちを見つけよう。いつものように集まって、いつものようにぎっしり座って礼拝をささげるということは、それは自粛するべきなんだけれども、今この時に正しく相応しい礼拝のかたちを見つけようではないか。だからバイエルン州の教会はみんな毎日、日曜日だけじゃなくって十二時と十八時に教会の鐘を打ち鳴らせ。その時、人びとは神を思い出し、神に祈り、それぞれの所で礼拝を、それぞれの所でささげることができるように、毎日二回すべての教会が鐘を打ち鳴らせ」と。そして「教会は全く閉じてしまうのではなくて、教会堂を開放しなさい。今までは日曜日だけ開けたかもしれない教会も教会堂を開放して、そこに人びとがぽつりぽつりとやってきて、祈りをささげたり、あるいは牧師や司祭たちと語り合ったり、福音を聞いたりすることができるそのような機会を作りなさい」と。そのようなことが、もう既に行われている。だからラジオやテレビやインターネットで、毎日いろいろなものを用いて発信する。短い祈りの時間を持ったり、短い礼拝を持ったり、今できる限りの手段を用いて、福音を鳴り響かせろ。鳴り響くのが教会堂の鐘だけではない。鐘のない教会もいっぱいあるけれども、でも福音を鳴り響かせることはどの教会にもできるから。私たちもこの時にあって、愛と知恵の限りを尽くして、そして安全に十分配慮しながら、できる限りの配慮を行いながら、けれども礼拝をささげる。今この時に相応しいかたちで、正しいかたちでささげます。この困難な時に、福音を聞かないということなど考えられないからです。そしてこの困難な時にこそ、私たちが福音を生きる、正にその時だからです。

ひとこと祈ります。

恵み深い天の父なる神さま、この朝もあなたは私たちを喜び、私たちがこのように、それぞれの所で礼拝を守っていることを本当に喜んでくださっていることを覚えます。あなたは私の力です。あなたこそが私たちのいのちです。なお我らのいのちを増し加えたまえ。尊いイエスさまのお名前によってお祈りいたします。アーメン。

# 招くお方

聖書　マルコの福音書1章16～20節
16 イエスはガリラヤ湖のほとりを通り、シモンとシモン
の兄弟アンデレが、湖で網を打っているのをご覧になった。
彼らは漁師であった。17 イエスは彼らに言われた。「わた
しについて来なさい。人間をとる漁師にしてあげよう。」18 すると、彼らはすぐに網を捨てて、
イエスに従った。19 また少し先に行き、ゼベダイの子ヤコブと、その兄弟ヨハネをご覧に
なった。彼らは舟の中で網を繕っていた。20 イエスはすぐに彼らをお呼びになった。すると
彼らは、父ゼベダイを雇い人たちとともに舟に残して、イエスの後について行った。

受難節第五主日の礼拝となりました。来週は棕櫚《しゅろ》の主日、その次はイースターとなりま

す。イエスさまがバプテスマのヨハネと一緒にいて、洗礼を授けられたのはエルサレムの近く、ユダヤでした。それからずっと北の方、イエスさまが育ったナザレのあるガリラヤに戻っていかれた。そして今日の箇所ですが、シモンとアンデレ、ヤコブとヨハネという二組の兄弟をお招きになりました。「わたしについて来なさい」。ここを読む時に、もう悲壮な覚悟でイエスさまについて行かなければならないというふうに思ってしまう、あるいは読んでこられた方も多いんじゃないかなと思うんです。私もかつてはそのように思っていた。これは大変なことなんだなぁというふうに思っていた。悲壮な決意で、何もかも服従していくこととして読んでいた。でもここで間違えてはならないのは、イエスさまは決して「力の限り頑張って来い。ついて来られなかったら置いていく」というようなことをおっしゃっているのではない。この教会の入口にも書かれているマタイの福音書11章28節には、こうあります。

すべて疲れた人、重荷を負っている人はわたしのもとに来なさい。わたしがあなたを休ませてあげます。（マタイ11・28）

これはみなさん大好きなみことばですけれども、重荷を下ろしてあげるから「わたしのもとに来なさい」というというこの言葉と、今日のマルコ1章の「ついて来なさい」という言葉は、同じ言葉が使われているのです。つまり「わたしについて来なさい」というのは、ちょっと訳しすぎです。きちんと訳すと、こういうことになります。「わたしのところに来なさい。わたしの後ろに」。これは招きなんです。私たちは子どもを招く時に、両手を広げて「さあ、おいで」と言ってこういう招き方もありますけれども、自分の後ろに招いて、手をつないで一緒に歩いて行くのも招きですね。イエスさまは、マタイの福音書11章では「さあ、おいで」と腕を広げて、私たちが来たら胸に抱きしめて、そして「私の胸の中で休んだらいい」と、「あなたが、なにもかも抱え込む必要はない」と、「私が負うから。あなたは本当にわたしの胸の中で力を抜いて、胸の中で休んだらいい」と。これがマタイの11章。でもマルコの福音書1章の方は、後ろ向きに、後ろに手を伸ばして「さあ、おいで」と言って「さあ、一緒に行こう。この手につかまりなさい。あなたが疲れた時は私が引っ張ってあげる。もっと疲れたらわたしがおんぶしてあげよう」」、そういう招きです。そしてイエスさまにひとたび手を預けたら、イエスさまは離すことがない。私たちの手を離すことがない。たとえ私たちが罪を犯したとしても、たとえどころじゃないですけれども、罪を犯したとしても、だれかに、また何かに躓いた時にも、イエスさまは手を離さない。たとえ牧師に躓いたとしても、イエスさまは手を離さない。私たちが元気をなくす時でも、イエスさまは手を離さない。私たちの方で「もうダメだ」と手を放しそうになるんです、イエスさまの手を。だけどイエスさまの方では離さない。私たちが手を振りほどこうとして、手が緩むようなことがあっても、もう一度握りなおして、いや、もう一度だけではない、何度でも、何度でも、何度でも、イエスさまは私たちの手を握りなおして、そして「ついて来なさい」と引っ張って行ってくださる。これがここでイエスさまが「ついて来なさい」と言われた意味です。

この四人の漁師たちは、あのユダヤでバプテスマのヨハネの所に押し寄せて行った人たちとは違う。あの人たちは自分の罪を感じて、自分からバプテスマのヨハネのところへ押し寄せて行ったわけです。でもこの漁師たちは、全然そうではない。昨日も漁をした。今日も漁をして、明日も漁をするんだろうと思っていた人たち。だけど予想もしていないのにイエスさまが来てくださった。ご自分の方から突然、彼らの人生の中に足を踏み入れられて、そして「わたしについて来なさい」と招かれた時に、彼らの人生は全く違ったものになった。彼らが教会の礎になり、彼らが十二人の使徒のひとりとなり、彼らを通して福音が世界に宣言された。そんなこと考えてもいなかった。そんな立派な人たちじゃない。しかし彼らはこの後、生涯を通して主イエスと共に、世界の回復のために、破れてしまった世界の回復のために、神と人との間が破れ、人と人との間が破れ、人と被造物との間が破れている、この破れた世界の回復のために、その生涯を用いることになりました。クリスチャンになるというのは、そういうことです。自分では考えもしなかった新しい人生が始まることが、クリスチャンになることです。新しい生き方が始まること、新しい生きる意味が始まること、新しい生きる目的が始まること。これがクリスチャンになるということ。ですから私たちはこの箇所を読んで、「さすが、この弟子たちは偉いな。何かも捨てついていったわけだから」とか、「自分はそうはいっても、父の面倒見ているし、何か捨ててないものがあるから。家も捨ててないからダメだ」とか、言ってはならない。そういうことを言っているのではないです。何かを捨てたとか、捨ててないとかいうことが問題じゃなくって、生きる目的が、生きる方向が変わっているところが問題なわけです。貯金があっても、その貯金の使い方が変わってくるでしょう。貯金があるかないかということが問題ではない。また「牧師はそういうふうについて行ったかもしれないけれど、信徒はそういうふうにはついて行ってないのでダメだ」それも違います。牧師は確かに神さまが行けと言われるところにどこでも行きますし、そういう働きがありますけれども、一つのところに腰を下ろして、根を張って生きて、その地域に、その職場に、そのコミュニティに仕えていってそこで福音を証しするという、牧師にはできない務めが信徒の方がたにはあるわけで、どっちがどうという話では全然ない。ついて行くっていうのは、場所を移らなければいけないということでは全然ないのです。主はすべての人びとを招いておられる。そしてついて行く。場所を動く人もいれば、動かない人もいる。でも等しくクリスチャンたちは、主イエス・キリストに招かれて、その人生の中に新しい出来事がすでに起こっている人びとがクリスチャン。このことを覚えていただきたいと思うんです。

人間をとる漁師とは何でしょうか。主イエスの言葉の背景には、エレミヤ書16章14節から17節があります。ここはバビロン捕囚からの解放が預言されているところです。バビロン捕囚からの解放はここでは第二の出エジプトです。かつてイスラエルがエジプトから救い出されたように、神さまはバビロン捕囚からも救い出してくださる。

それゆえ、見よ、その時代が来る——主のことば——。そのとき、もはや人々は「イスラエルの子らをエジプトの地から連れ上った主は生きておられる」と言うことはなく、ただ「イスラエルの子らを、北の地から、彼らが散らされたすべての地方から上らせた主は生きておられる」と言うようになる。わたしは彼らの先祖に与えた彼らの土地に彼らを帰らせる。(エレミヤ書16・14〜15)

つまり、もう一度神さまは解放してくださる。だから出エジプト、エジプトから救い出してくださった神さまというだけじゃなくって、バビロン捕囚からも救い出してくださった神さまというふうに呼ばれるようになる。だからこの第二の出エジプト、バビロン捕囚について、エレミヤは言っているわけですが、続く16節には漁師が出てくる。

見よ。わたしは多くの漁夫を遣わして――主のことば――彼らを捕まえさせる。それから、わたしは多くの狩人を遣わして、あらゆる山、あらゆる丘、岩の割れ目から彼らを捕らえさせる。(エレミヤ書:16・16)

イスラエルを、神の民を、あちこちから狩り出してくる。すなどってくる。その時にひとつ問題なのが、罪の問題。17節には、こうあります。

わたしの目は彼らのすべての行いを見ているからだ。それらはわたしの前で隠れず、彼らの咎もわたしの目の前から隠されはしない。（エレミヤ書16・17）

ユダヤの人びとが行ってきた偶像礼拝や、貧しいものを顧みないといった罪があるっていうことがあぶり出され、この人間を獲《と》る漁師たちは「あなたには罪がある」と言う。けれども、だからあなたはもう、そのように自分を主人公として、神を、神々をしもべとすることはやめて、そして自分の隣人たちを虐げて貪《むさぼ》ることをやめて、立ち返れ、神に立ち返れ、本当の生き方に立ち返れ、と、悔い改めをもたらすそのような漁師たちが、預言者たちが、エレミヤの時代にも遣わされていく。そのような預言者に、そのような働き人に、「人間を獲る漁師にしてあげよう」とおっしゃった。人びとは今、世界の破れの中で自分を主人公だと勘違いして苦しんでいる、あなたがたをそこへ遣わす。あなたがたは彼らの罪を、その悲惨な有様を、彼らに語り、そしてどこに救いがあるのか、いのちがあるのか、解放があるのかということを告げ知らせる、そのような漁師にしてあげようと、おっしゃいました。罪からの解放、罪からの悔い改め、立ち返りというのは、イエスさまを信じた瞬間に起こると考えがちですけれども、実は生涯を通して起こり続けることです。私たちは、曲がった癖がついた板のように、なかなか元に戻りませんけれども、時間をかけて神さまが癒やしてくださる時に、私たちの捻じれや、癖というのが本当に癒やされていくっていうことが、起こってまいります。罪からの解放は一瞬ではない。人によっては、特にクリスチャンホームに育ったような人びとは、どこで自分が回心したのかわからないという人びともいます。それはそれで幸いなことで、私たちの内に色んな状況を通して、色んな過程を経て、ある人はクリスチャンになった瞬間かもしれない、ある人には時間をかけて、段々と変えられていくということが起こります。人の証を聞く時は注意しなければならないです。人の証を聞いて羨んだり、そうでなければならないと思ったりしてはならないです。むしろ、今神さまと自分との間に、どのような関係が作られているかっていうことに目を留めて、既に始まっていることを喜ぶことが大切だと思います。

　さて、この四人はすべてを捨てた。父を置きざりにした。財産とか船とか網とかそれも置いていった。これは親不孝をしろと言っているのでは全然ない。先ほども申し上げました。財産を放棄しなさい。財産をすべて教会に献金しなさい。無一文になりなさい。そんなことを言っているのでは全然ないのです。そうじゃなくて、自分をイエスさまにささげてお委ねすること、自分という器をイエスさまが良いと思われるように自由に用いてください、自分の人生の主導権を渡しますということです。それがいつも辛いことばかりを意味するということではない。イエスさまは我々がそれぞれ耐え得ることが何であるか、よく知っておられる。また我々がどのようにしたら、一番輝くことができるかをよく知っておられるのです。私たちの賜物や限界をすべてご存じの上で用いてくださるので、あまり悲壮感にかられる必要はない。しかしそれでも、この四人が何でそのようにできたのかなと、不思議に思いますよね。彼らがそのように自分を委ねることができたのは、彼らの意志が強かったからでは全然ない。彼らの意志が強くなかったことは、十字架の時を見ればよくわかります。全員逃げた。いなくなった。私たちにはどんなに強い意志を持っていても、自分自身を神さまに委ねるということはできない。委ねたような気持ちになっていても、何かあったら逃げ出すような私たちだと思います。でもイエスさまが復活のいのちを注ぎ続けてくださっているから、十字架に自分を与えてくださって、罪と死の力から私たちを解き放って、解き放ち続けてくださっているから、私たちはやっぱりそのようにイエスさまに委ねる者とされ続けてゆく。既に委ねた人はさらに委ねる者とされ続けていく。それは生涯を通して、続いていくプロセスだと思います。

ニューヨーク州のクオモ知事の記者会見が、牧師たちの間でも評判になっています。その記者会見で彼は様々な事柄について、きちんと数字をあげて「これは簡単なことではないんだ」ということを言った。そして医療関係者、様々な働き人たちに感謝した後「これは個人的な見解ではあるが」と言って、「このような困難な時は、人の品格が現れ出てくる時であり、さらにこのような困難な時は自分たちの品性を養う時だ」と付け加えた。人びとは驚いた。このようなコロナの危機の中で品格とか品性とかいう言葉が出てくることに、皆衝撃を受けたわけです。けれども、まさにどのような時であっても、いやこのような時であるからこそ、福音の新しいいのちが輝き、その輝きがこの暗闇の世界を照らしていく、それはイエスさまのいのちがなせるわざであると、そのように思います。

短くひとこと祈ります。

恵み深い天の父なる神さま、このような中、この朝もあなたの福音を、そして「わたしについて来なさい」という招きを聞くことができました。あなたの手を今握り直します。あなたがもうこの手を離すことがありませんから、どうか続いて私自身を委ね続け、またこの暗い世界の中であなたを伝え、また生きることができるように。尊いイエスさまのお名前によってお祈りいたします。アーメン。

# 権威あるお方

聖書　マルコの福音書1章21～28節
21 それから、一行はカペナウムに入った。イエスは
さっそく、安息日に会堂に入って教えられた。22 人々
はその教えに驚いた。イエスが、律法学者たちのよう
にではなく、権威ある者として教えられたからである。23 ちょうどそのとき、汚れた霊につ
かれた人がその会堂にいて、こう叫んだ。24「ナザレの人イエスよ、私たちと何の関係があ
るのですか。私たちを滅ぼしに来たのですか。私はあなたがどなたなのか知っています。神
の聖者です。」25 イエスは彼を叱って、「黙れ。この人から出て行け」と言われた。26 すると、
汚れた霊はその人を引きつけさせ、大声をあげて、その人から出て行った。27 人々はみな驚
いて、互いに論じ合った。「これは何だ。権威ある新しい教えだ。この型が汚れた霊にお命

じになると、彼らは従うのだ。」28 こうして、イエスの評判はすぐに、ガリラヤ周辺の全域、いたるところに広まった。

棕櫚の主日の礼拝にようこそいらっしゃいました。新しい年度となって最初の礼拝ですが、このような中でまさかマスク姿でお互いを見るとは思いませんでした。けれどもこのような中でも春が来て、また棕櫚の主日が来て、来週はイースター。やっぱり主のみわざは力強く進んでいるということを信じて、この朝もみことばに聞き入りたいと思います。

さて今日は、主イエスのガリラヤ湖の近くでの伝道が始まる箇所です。先週のところでは四人の漁師たちが弟子として召されました。彼らを連れて今日は伝道が始まったというわけです。マルコの福音書1章21節を読みます。

それから、一行はカペナウムに入った。イエスはさっそく、安息日に会堂に入って教えられた。（1・21）

この時代の会堂は、ユダヤ教の礼拝堂。イエスさまは、ユダヤ教の会堂に入られました。

当時の安息日は土曜日です。土曜日が安息日だったんですけれども、イエスさまが日曜日の朝に復活されましたので、今は日曜日が安息日、主の日と言います。主が甦られた主の日。そして私たちは日曜日に礼拝を守っているわけなんです。しかし当時の礼拝は安息日の土曜日に行われ、イエスさまもそこに出席され、そこで語られたということです。福音が語られる所はどこなのか。それは教会。キリストのからだである教会で福音は語られ聞かれるのです。

今私たちが置かれているコロナの状況で、教会って何なのか、インターネットで今礼拝に出席している人たちは教会の礼拝に出席していないのかという話になる。これも、本質とは何かということが問われている、私たちには本質がはっきりと、鮮やかになってきていると思います。教会というのは場所ではない。キリストの身体が、この明野キリスト教会というキリストのからだは一つであって、インターネットの向こう側におられる方も今、明野キリスト教会の礼拝に集っておられる、そのことをまずはっきりと確認したいと思います。ですから インターネット礼拝なんか礼拝じゃないということを言ってはならないことだと思います。むしろ「インターネット礼拝を礼拝にするものは何であるのか」という本質が問われなければならないと思うんです。

詩篇の63編には、ダビデが敵に追われてエルサレムにいること、そしてエルサレム神殿で礼拝することができなくなった時の、ダビデの賛歌があります。ダビデがユダの荒野にいた時、これはまさに教会で礼拝できなくなったという時です。野原にテントを張って逃げ回っていたその時に、ダビデはこう言いました。

神よ　あなたは私の神。私はあなたを切に求めます。水のない　衰え果てた乾いた地で
私のたましいは　あなたに渇き　私の身も　あなたをあえぎ求めます。私は　あなたの
力と栄光を見るために　こうして聖所で　あなたを仰ぎ見ています。（詩篇63・1〜2）

聖所というのは、エルサレム神殿の中の礼拝をささげる場所のことです。しかしダビデはユダの荒野、何にもない荒野のことを「ここは聖所だ。ここが、私が礼拝をささげる場所だ」というのです。礼拝を礼拝にするものは何なのか、教会という場所なのか、そうじゃないですよね。そこに神を慕い求める者がいて、そこに神の恵みが注がれている所があれば、そこが礼拝の場所、教会であるということです。逆に言うと、「礼拝の時にここに居るからと言って、私の心はどこにあるのか」ということもまた、問われているとも言えると思いま

す。でも心配ない。「私は今日居眠りしちゃったから礼拝に出たことにならないのかな」。そういうことじゃないです。何よりも礼拝を礼拝たらしめるのは、神の恵みです。神さまが礼拝を礼拝にする。だから、神さまに礼拝をささげようと思って私たちがここに来たならば、後は神さまが引き受けてくださって、その礼拝を礼拝にしてくださる。神さまに礼拝をささげようと思ってインターネットの前で座ったならば、神さまがその礼拝を礼拝にしてくださる。インターネットのこっち側だろうが向こう側だろうが、神さまは神さまを慕い求める者にその場を礼拝としてくださるということを信じます。

マルコの福音書1章に戻りますが、22節には、こうあります。

イエスが律法学者たちのようにではなく、権威ある者として教えられたからである。
（1・22）

不思議なところとも言えます。「律法学者たちは権威がなかったのか」という疑問が生じてきますね。彼らは聖書の専門家なんです。律法というのは広義では旧約聖書全体を指し、狭義では創世記・出エジプト・レビ記・民数記・申命記のモーセ五書を指します。彼らは律法の専門家なんです。神さまがイスラエルに与えてくださったこの律法をきちんと正しく語ることの専門家であったわけです。そこにはもちろん権威があるんだけれども、イエスさまが持っておられた権威とは全然違っていたということです。律法学者たちは何をやっていたかというと、イスラエルの人びとが毎日生活をしている中でいろんな問題が起こってくるわけです。たとえば「安息日に働いてはならない」と律法には書いてある。でも安息日に働いてはならないんだけれども「だれかが池に落ちたらどうするんですか」とか、「トイレに行くのに十歩ぐらい歩いちゃった。それも働いたことになりますか」、「トイレで使う水を汲んできた。それは働いたことになりますか」、いろいろとまあ出てくるわけです。その時に人びとはどうしたらいいかってことを尋ねる。イスラエルは必死になって律法を守ろうとするわけです。ですから律法学者たちは聖書を用いて、「聖書にこう書いてある、これはこうしたらいいよ」っていうことを彼らは教えていたわけです。

時代が変わると以前にはなかった問題が出てくることもあります。先ほどから申し上げているネット礼拝の是非なんていうのは、まさにそういう問題ですよね。聖書の時代にネット礼拝はないので、してもよいのかいけないのか、書いてないわけですよね。だから私たちが判断していくことが必要です。でも人は、具体的な指示を求める。牧師に依存が強い教会だったら、牧師に「先生どうなんですか」って、「ネット礼拝して良いですか悪いですか」、「礼拝休んで良いですか悪いですか」って聞くのでしょう。あるいはもうちょっと成長した教会だと、役員会が機能して判断するわけですけれども。みんな「具体的な指示があったら安心だ」、「それさえ守っていれば絶対安心だ」、「言われたら安心だ」と思う。「いつ《when》・どこで《where》・だれが《who》・何を《what》・なぜ《why》・どのように《how》」という5W1Hってありますよね。そういうことを事細かに教えられたら安心なんだけれども、それって本当に正しいのか。コロナをめぐる状況は刻一刻変わっているので、そのことに対して「絶対インターネット礼拝はダメです」とか言っていたって、状況は変わっていくわけです。私たちが神さまから新しいいのちに生きるということを教えられる時に、「これをやったらダメ」、「これさえやっとけば大丈夫」っていう、そういう生き方を私たちは教えられているんだろうか。そういうことが問題なんだろうか。本質なんだろうか。そうじゃないですよね。でも、律法学者たちはそこまでしかできないんです。「聖書によるならばこうだから、おそらくこうであると考えられる。だからあなたはこうしたら良いんじゃないでしょうか」と、そこまでしか言えない。でもそれは本質ではない。しかしイエスさまは権威ある者として教えられました。律法学者たちのように、「こういう場合にはこうしなさい。ああいう場合にはそうしなさい」と、そういうことではなくて、イエスさまが教えられた福音は変わらない。
イエスさまはこう言いました。

「時が満ち神の国が近づいた。」（1・15）

今もこの世界に、あなたの人生に、決定的な時が訪れて、もう何もかも前と同じじゃない。あなた方が見ている景色はもう同じ景色じゃない。今まであなた方は、自分のメンツや体面があり、あるいは自分の心配や恐れやそういうことに支配されていたかもしれない。けれども、イエスさまが来られた。そのイエスさまに出会う前、あなた方は、他の人を見て「ああ、怖いなあ。ああ、自分を攻撃する人だなあ」とかいろいろ思っていたかもしれない。けれども、イエスさまという鷲の翼に乗せられて高度を上げていくときにそこに何が見えるか。今までと違った光景・景色が見えるはずです。互いに恐れ合って傷つけ合っている愚かな悲しい人間の姿が見えるでしょう。それにもかかわらず、その私たちを愛し続けて御子を与えられた神さまの恵みの大きさも、鷲の翼に乗って、つまり新しいいのちをいただいた時には見えているはずなんです。それが福音なんです。それが権威あるお方がもたらされたことです。

イエスさまが言ったことが権威あるということだけじゃあないです。正にその新しいいのちをもたらしてくださったという点において、イエスさまに本当の権威があるわけです。
この世界のあり方はイエスさまが来られて変わりました。新しい事態が始まりました。私の生き方・目的・感じ方・考え方は、イエスさまが来てくださって新しい事態に突入した。なぜならイエスさまは本当の権威を持っておられる「神の子」であるからです。22節にはこうあります。

人々はその教えに驚いた。（1・22）

イエスさまがおっしゃることを聞いて、彼らは驚いたんです。逆にいうと、律法学者たちがいくら語っても驚かなかったんです。それは結局人間の常識の範囲内で、困ったことに対して、聖書を使いながらやりくりしているというだけのことなんです。もし牧師が講壇の上から「これについてはこうです」とか、「献金の仕方はこうです」、「献金はこれぐらいしなさい」とか、あるいは「日常生活でこういうことは気をつけた方が良いですよ」とか語ったとします。もちろんそれも必要なことなんだけれども、それは福音ではない。イエス・キリストが権威をもって語るようにと牧師に与えられた務めは、「あなたはもう、かつてと同じ人ではない。あなたが見ている景色は、かつてあなたがそこで見ていた景色と同じではない。あなたを押しつぶそうとしていた世界は、あなたの助けを必要としている。あなたはもう世界は変わったというそういう福音を聞かなければならない。この世界は痛みに苦しんで叫んでいる世界なんだ」ということを語ること。牧師はそれを語る。そして「じゃあネット礼拝どうしますか」といった具体的なことは、役員の方がたと共に、知恵を出し合っていけばいい。牧師は必ずしも教会の中で一番インターネットの知識に詳しい人である必要はないと思います。それぞれに賜物があります。衛生知識に牧師が一番詳しいという、そういうことではないと思います。むしろ賜物のある人びとと協力して、そして最善の解決を祈り求めていく。だけど、絶対に正しいというような判断はない。なるべく正しい判断をするけれども、それが本当に良かったかどうかは後にならなければわからないし、仮にみんなが守られたとしても、どの施策によって守られたかなんて結局はわからないわけですから。私たちはそういう所に心を配りつつも、でも、福音を聞かなければならない。それが礼拝です。

イエスさまは律法学者たちとは違っていた。「わかる」っていう言葉、よく「わかる」っていう言葉が使われます。「聖書に『十分の一を献金しなさい』と書いてあるからそうしなさい」という場合、具体的でよくわかるじゃないですか。「ああわかった。よくわかった。じゃあそうするように努力していきましょう」。けれどもそこには驚きがないんです。「こう言うだろうなあ」と思ったことを言われているだけです。でもイエスさまがおっしゃることには驚きがある。驚きそのもの。イエスさまが言ったことが驚きというよりも、イエスさまそのものが驚きなんです。「神が神であるのに人となって、この世界に来てくださって、私を抱きしめるために、私を本当に惨めな罪の中から抱き上げるために、血まみれになって泥まみれになって抱き上げるために、なんと神がこの世界に来てくださった」ということは驚きであって、これ以上の驚きは世界には存在しないです。だからイエスさまの福音は驚きなんです。人びとが何か具体的な指示を受けて「よくわかりました」というようなレベルのことじゃないんです。わかったとかわからないとか言えるようなことでもない。それは突然、私たちの目の前にもう既に起こっている出来事。だから、たとえばめちゃくちゃな嵐がやってきたとして「こんな嵐がどうしてやってきたのかわからん」と言ったって、嵐はそこにあるわけです。そのように現実の出来事として、イエス・キリストはこの世界に来られました。なるべく人の理解力でわかる方が良いとは思います。けれどもわかるとか、わからないとかいう以前に、神さまの大きな恵みの嵐がもうここに起こっていて、わたしたちはその嵐の中に投げ込まれている状況に置かれている。その時、その恵みの嵐の中で、うずくまって耳を閉じて目をつぶって生きていくことも可能なんです。神さまは無理強いをなさらないから。でも一方で、その恵みの嵐・恵みの風に運ばれて神さまと共に旅をしていく。今まで見たことがない知識を見るために。今まで見たことがない景色を見るために。今まで見たことがないような愛を経験するために。今まで注いだことのないような愛を注ぎ出すために。旅をするのか、うずくまっていくのか、その選択が問われています。

だからイエスさまは一人ひとりを招かれているわけです。「悔い改めて福音を信じなさい」、「そっちを見ているんじゃなくて、地面を見ているんじゃなくて、こっちに身体の向きを変えて、こっちを見なさい」、「さあ、今まであなたが見たことがない景色を、一緒に見ようではないか」と、そのようにイエスさまは招いておられます。イエスさまの十字架と復活によってもたらされた新しい生き方・新しい祝福・新しいいのちへと招かれているのです。

ところがその日、会堂にいた人が、汚れた霊に取り憑かれていると言うんです。なんかおどろおどろしいですけれども。この人はどう言ったか。

「ナザレの人イエスよ、私たちとなんの関係があるんですか。私たちを滅ぼしにきたの

ですか。私はあなたがどなたなのか知っています。神の聖者です。」（1・24）

「私たち」と言っているのは複数形ですから、たくさんの霊がこの人に付いていた。汚れた霊が付いていた。こういう箇所を読むと、「おかしな挙動の人には汚れた霊が憑いているから、追い出さなければいけない」とか言う人がいますけれども、そういうことを言っているのではないだろうと思います。ここで言われている根本的なことは、イエス・キリストの招きを拒んで、私たちをうずくまらせて地べたに頭を押さえつけてこすりつけて「おまえは一生そうやって地べたで這いつくばっていろ」っていう、そういう「力」があるっていうことです。「おまえを恵みの中になぞ決して入れさせはしない」というそういう「力」がこの世界に働いていて、多くの人びとを今も奴隷にしているということです。ではイエスさまは、何とおっしゃったか。

イエスは彼を叱って、「黙れ。この人から出ていけ」と言われた。（1・25）

このわたしの愛する子たちを、神の恵みの風の中に頭を持ち上げさせない、という力に対して、怒りを込めて、「黙れ」とおっしゃった。「許さん」とおっしゃったんですよね。そして「この人から出て行け」とおっしゃった。わたしの愛する子たちを、恵みから顔を背けさせて罪の中にとどまらせ、神さまに向き直ることをさせないようなそのようなことは、決して許さないとおっしゃったわけです。その通りになります。なぜなら、イエスさまは権威あるお方だから。イエスさまは神さまだから権威を持っていて当然だと思われるかも知れないけど、それだけではないです。ご自身を十字架の上に与えてそして死と罪の力に打ち勝って甦ったお方だけが持っている権威。それがイエスさまの権威です。

今日は棕櫚の主日です。棕櫚の主日に、イエスさまが十字架にかけられるためにエルサレムに入ってこられた。そのことを人びとはあんまりわかってないですから、王が来たと思って、棕櫚の枝を持って「ハレルヤ」と言ってイエスさまを迎え入れたのが棕櫚の主日。人びとは理解していなかった。人びとは、イエスさまのことを力でユダヤをローマから解放してくれる王だと思っていました。そういう王ではなかったんです。そういう王ではなかったけれども、棕櫚を振ってイエスさまを迎えたことは正しくもありました。なぜなら、それ以上の王だったから。ローマからユダヤを解放する、ただそれだけではない。そんなことではない、もっと大きなこと。私たちの顔を地べたにこすりつけている罪と死の力から私たちを解き放つ、本当に力ある、権威ある王であるお方が棕櫚の主日に来てくださいました。

三月二十七日にローマ教皇フランシスコがマルコの福音書4章から説教しました。「カトリックの話をするんですか」とおっしゃる方もいるでしょう。カトリックには我々と違いがあります。でもどこが違うかも知らないで、カトリックと私たちとは違うからカトリックの話をしたらおかしいというのは、全然おかしいわけです。もちろんカトリックの中にも福音が語られています。聞くべき点があったらそのことを私たちも聞いたらよい。でも私たちとちょっと違うなと思うところがあったとしてもそれをわざわざ強調する必要もないと思います。マルコの福音書4章というのは、ガリラヤ湖が大荒れになった時に、風と海を叱りつけたというところです。それまではイエスさまは船の艫《とも》で寝ておられたわけです。寝ておられた。でも「助けてくれ」と言われて起き上がって、風と海を静まらせた。それは夕方になって彼らは船に乗り込んだとあります。「夜」なんです。教皇フランシスコはこう言うわけです。「今も世界は『夜』かも知れない。コロナにおびえる『夜』かも知れない。でも、私たちは同じ船に乗っている。そしてその船の中にはイエス・キリストがおられる」と。今、世界はコロナに覆われた暗い「夜」かもしれない。でもイエスさまはその時何をなさったか。風を叱りつけ「黙れ、静まれ」と言ったんです。その時風は全くやんで凪《なぎ》になった。ここでもイエスさまは叱ったわけです。さっきの汚れた霊の所でも叱っているわけです。「叱る」っていうのは圧倒的な力の差がないとできないんです。戦うというのは同じぐらいの力でも戦ったりするんですけれども。比較にならない力をもったお方が叱りつけ命じるとその通りになるということです。嵐の時に、問題は「嵐が来ている」という自体ではないんです。嵐は私たちの弱さを露わにする。恐れや疑いを露わにする。互いを分断する。だから、もうこの嵐の中でみんな助からないから「だれか投げ込んで船を軽くしよう」っていうようなことが起こるでしょう。あるいは「こんな風になったのはだれのせいだ」、「だれがこの船に乗ろうと言ったんだ」、「おまえ漁師だろう。漁師だからなんとかしろよ」と、こういう嵐の中で、私たちを分断する。互いを責め合うように仕向ける。問題は嵐があることじゃあなくって、そのことによって教会や家族やコミュニティが破壊されていくってことが問題なんです。しかし主イエスは、そこでも権威をもって支配なさいました。嵐の中でもそこに乗り合わせた者たちが「イエスさまが乗っておられるじゃあないか。イエスさまに委ねよう」と変えられる。不安な気持ちも、なんかほかの人のせいにしたような気持ちもイエスさまに委ねて、そしてこの船に乗り合わせている人びとで助け合って、水をかきだして、何とか手でも足でも使って漕いで、そして一緒に生きていくということができる。そこで疲れた者がいたら弱った者がいたら、「じゃあこの水をあなたが飲んだらいい」と、そういうふうに言える場合もあると思うんです。「そんなことが大嵐の中で可能なのか。コロナのなかで可能なのですか」と、言われるかもしれない。可能です。なぜなら、私たちを「そんなことなどできない」と絶望させる罪と死の力があるんだけれども、しかしその死の力は十字架で既に滅ぼされたからです。十字架でイエスさまが諸共に滅ぼしてくださったからです。

短くひとこと祈ります。

恵み深い天の父なる神さま。この朝もあなたは、私たちを這いつくばらせる、そのような力を叱りつけ解き放ち、今日もまたご自身に抱きしめてくださることを信じます。ありがとうございます。なお続いて私たちの内に愛を注いでください。尊いイエスさまのお名前によってお祈りいたします。アーメン。

# 癒やすことができるお方

聖書　マルコの福音書1章29～39節
29一行は会堂を出るとすぐに、シモンとアンデレの家
に入った。ヤコブとヨハネも一緒であった。30シモン
の姑が熱を出して横になっていたので、人々はさっそ
く、彼女のことをイエスに知らせた。31イエスはそばに近寄り、手を取って起こされた。す
ると熱がひいた。彼女は人々をもてなした。32夕方になり日が沈むと、人々は病人や悪霊に
つかれた人をみな、イエスのもとに連れて来た。33こうして町中の人が戸口に集まって来た。
34イエスは、様々な病気にかかっている多くの人を癒やされた。また、多くの悪霊を追い出
し、悪霊どもがものを言うのをお許しにならなかった。彼らがイエスのことを知っていたか
らである。35さて、イエスは朝早く、まだ暗いうちに起きて寂しいところに出かけて行き、

そこで祈っておられた。[36]すると、シモンとその仲間たちがイエスの後を追って来て、[37]彼を見つけ、「皆があなたを捜しています」と言った。[38]イエスは彼らに言われた。「さあ、近くにある別の町や村へ行こう。わたしはそこでも福音を伝えよう。そのために、わたしは出て来たのだから。」[39]こうしてイエスは、ガリラヤ全域にわたって、彼らの会堂で宣べ伝え、悪霊を追い出しておられた。

「イースターおめでとうございます」。そのように申し上げると「このような状況の中で、何がおめでとうなんだ」と思われる方もいらっしゃるかもしれません。しかしこのような状況であるからこそ、とりわけこの朝、イースターの福音の復活、いのちの鐘が、喜びの鐘が鳴り響いている、その鐘の音を私たちは聞く必要があると思います。こうしてYouTubeの礼拝と会堂での無会衆礼拝は初めてのことです。今私の前には、妻が一人だけが座っておりまして、今までと違うことにどうも具合が違い、何か失敗してしまうかもしれませんが、また改善してまいりたいと思います。先週の礼拝後の役員会で無会衆の礼拝が決まりました。それから一週間、役員の方がたが本当に知恵を出し、また覚えてくださって、なんとか半分以上の方がYouTubeで、そうではない方はＣＤで礼拝を守ることができるよう段取りをしてくださいました。本当に感謝しています。

さて、この聖書の箇所ですけれども、このところでイエス・キリストはシモン・ペテロの姑《しゅうと》の病を癒やしました。ペテロという人は十二使徒の一人ですけれども、結婚していて奥さんがいて、そのお母さんがカペナウムというところにおりました。イエス・キリストが病を癒やしてくださった。そのように聞きますと私たちは、家族やまた自分、あるいは世界中で病が癒やされますようにと祈ります。だれひとりコロナで命が失われることがないようにという祈りが、日夜ささげられておりますけれども、しかし現実には、すべての人が癒やされるわけではありません。祈られたすべての人が癒やされるわけではありません。人はいつか死んでゆくということを私たちは知っています。ではイエス・キリストは癒やすことができるお方ではないのか、力のないお方ではないのか。もちろんそうではありません。イエス・キリストは本当の癒やし主。ペテロの姑に起こったことは、実はただ病気が癒やされたということだけではありませんでした。もしこれがただ、病気が癒やされたということだけならば、しばらくするとまた別の病気にかかるかもしれません。恐らくかかるでしょう。そしていつかは生命の終わりをつげる。地上の生涯を終わることになるのですけれども、しかしイエスさまがペテロの姑に与えた癒やしは、単に体の病の癒やしだけではありませんでした。

イエスはそばに近寄り、手を取って起こされた。すると熱がひいた。彼女は人々をもてなした。（1・31）

熱が引いたわけなんですけれども、その後「彼女は人々をもてなした」とあります。つまりこのペテロの姑が癒やされたのは、ただ病気が治って病気の前と同じ生活を続けていくということではありませんでした。そうじゃなくてイエス・キリストに仕え、イエス・キリストの弟子たちをもてなす、そういう生涯が始まりました。ですからイエスさまがここでなさった癒やしはもちろん、身体が治るということも目的なんですけれども、もう一つの目的がありました。それは癒やされた人が立ち上がって、イエス・キリストに仕えてゆくこと、イエス・キリストと共に生きていくこと。新しいいのち、肉体の命ではなくて、新しい生き方、新しい生きる意味と目的とを与えられた。そういう新しいいのちに生きることがこの癒やしの目的でした。神の国という言葉を、よく聖書で使いますけれども、癒やされた人はイエスさまと共に神の国に仕えてゆく、この世界が愛と赦しに満ちた場所になることができるように、人びとが神を喜び、互いを喜ぶことができるように、そのようにイエス・キリストと共に働くためにペテロの姑は癒やされたのでした。私たちが病の癒やしを願う祈りは、主に聞かれています。私も毎日病の方がたのために癒やしを祈っています。でも私にはもうひとつの祈りがあります。より力を注いでいると申し上げてよい、そう思う祈りです。それは私たちの病ばかりか、たましいが癒やされて、本当に自分が生きていくことの意味を、本当に自分がそこに置かれていることの意味を知って、喜ぶことができるように。あるいはそのことは、病の床にあっても看病してくださっている人びと、見舞ってくださる人びとに対して病人であってもすることができる生き方、することができる仕え方があると思うからです。私たちはどうか今、病の方が癒やされるように祈りたいと思います。そしてそれと共にたましいも癒やされ、持ち上げられ、神さまを喜ぶことができるように。どうかコロナの時代ではありますけれども、生きようではありませんか。力の限り生きようではありませんか。与えられたいのちの限り、神さまと心をひとつにして、そしてイエス・キリストの関心が私たちの関心であるように。イエス・キリストの喜びが、私たちの喜びであるようにと願うものです。

私の父が金曜日にホスピスに入りました。そのきっかけになったのは、月曜日の夜でした。先週の月曜日、トイレに行こうとベッドから降りた時に脳貧血を起こしまして、ほとんどもう絶命したかなという状況になりました。私も「ああ、お父さんはもう召されてしまった」と一瞬思ったわけですけれども、しばらくしますと、不思議なように息を吹き返すことができました。その時父は「うん、もう私はいいんだ」と、そういうことを言いました。もう私は地上の生涯を終えて構わない。早く地上の生涯を終えることができたら、それもまた幸いである。そういうふうに言ったのです。私はそうか、88歳の父が今までそのように神さまと共に歩み、今そのような心境になっているというのも、またわかるような気もいたしました。ところが、その次の日に父が私を呼んで「ここにロープを張って欲しい。寝ていて自分の手が届くところにロープを横に張り渡してもらいたい」と言いますので、そのようにいたしました。すると父は、エアコンのリモコン、電動ベッドのリモコン、照明のリモコンそれとナースコールを引っ掛けるわけです。寝たままで、自分で照明を付けたり、消したり、あるいはベッドの上げ下げしたりすることできるのです。それは母を少しでも休ませたいと思ったのかなと思いました。普段は父と母の二人で暮らしておりました。「もういいんだ」と言うことと、しかし少しでも周りの人びとを休ませてあげようと、色々考えて、工夫して力の限り生きることは矛盾しないのだなあと思いました。ルターは「明日、世界が終わるとしても、今日私はリンゴの木を植える」と言いました。たとえ明日、私たちは地上の生涯にいないかもしれませんが、今日私たちが植えたリンゴの木、あるいは父がそのようにロープを張って工夫したこと、それは残ってゆく。私たちの胸に温かい思い出として残ってゆく。私もまたそのような状況になったら、そのようにそんなことを考えてみたいと思います。そのように愛はバトンタッチされてまいります。コロナの中にあっても、私たちは生きるんです。愛を注ぎ続けるんです。

今日はイースター（復活祭）です。この日、約二千年前にイエス・キリストは十字架にかけられて、殺されて、けれども、この日曜日の朝、復活した。そして復活したイエスさまは、私たちに新しいいのちを与え続けてくださっています。

イエスは、様々な病気にかかっている多くの人を癒やされた。また、多くの悪霊を追い出し、悪霊どもがものを言うのをお許しにならなかった。彼らがイエスのことを知っていたからである。（1・34）

先週は汚れた霊というのが出てきましたけれど、ここにはまた悪霊どもが出てくる。ここに出てくる悪霊とはどんなものだろうと、私たちは興味を持つかもしれません。しかし、いたずらに想像をたくましくする必要はないと思います。この悪霊はものを言ったとある。「ものを言う悪霊」というのはイエス・キリストに反抗して、抵抗する、イエス・キリストがもう私たちにいのちを与えてくださるお方として、私たちの生涯をつくり変えてくださる方として来られているのに、それに抵抗して、私たちを自分たちの罪の力の、いじけた心の、羨む心の、意地悪な心の、自分だけ良ければそれでいいという、そういう心の下に押さえつけようとする、そういう悪霊たちがイエス・キリストに抵抗しようとしてものを言おうとしました。罪の力はやはり今でも働いていると思います。コロナの中で何かが起こると、こんなことが起こるなんて神さまなんかいないんだ、と私たちに信じこませようとします。あるいは私たちを絶望させ、世界を分断し、彼が悪いんだ、あの国が悪いんだ、あの政治家が悪いんだ、あの判断が間違っているんだ、あそこの市長が悪いんだ、隣の人が悪いんだ、そういうふうに世界を分断する。本当は協力して取り組むべき時に、自分が責められはしないかという恐れから、あるいはこの時こそ、商機を、経済を伸ばすチャンスだというふうに、考える国もあるかもしれません。罪の力は世界を分断する。そして自分のことだけを考えさせて、そこに弱肉強食、そういった悲劇をもたらそうとする。罪の力が私たちに働いているからです。そういった力に抵抗するには私たちは余りにも非力だと思います。悲劇です。けれども良い知らせがある。「イエスさまは悪霊どもがものを言うのをお許しにならなかった」とあります。イエスさまは罪の力が私たちを支配し続けるのをお許しになりません。今もお許しにならない。イエス・キリストは私たちをぎゅっと抱きしめて「大丈夫だ。わたしは罪の力にあなたを引き渡しはしない。あなたはわたしと一つの心で生きることができる。わたしがそうさせてあげよう。そうさせてあげる」とおっしゃってくださるのです。

さて、イエスは朝早く、まだ暗いうちに起きて寂しいところに出かけて行き、そこで祈っておられた。（1・35）

朝早くからイエス・キリストは祈った。私たちはこういうところを読むと、私ももっと祈らなければならないのではないか、私の祈りが聞かれないから思うように物事が動かないいんじゃないかなどと考えがちです。でもそれが大切なことではないんです。そうじゃなくて、私たちよりもはるかに私たちのために祈ってくださっているお方がいる。イエス・キリストです。私たちは祈ることさえできないことがよくあると思います。しかし、そのような時にもイエス・キリストは私たちのために祈ってくださっている。この時にも、ガリラヤ湖の岸辺でも、イエス・キリストは祈っているのですけれども、弟子たちは祈ってないわけです。弟子たちは朝起きてみたら「イエスさまがいない。大変だ」と言って探していたんです。探していただけなんです。探しているうちに群衆から別々になってイエスさまと一緒になった。もうそこにはイエスさまと弟子たちしかいない。その弟子たちにイエスさまはおっしゃった。

「さあ、近くにある別の町や村へ行こう」（1・38）

この旅は続いていきます。39節を見るならば、ガリラヤ全域、かなり大きなひとつの地方全域にこの旅が始まっていく。この旅はやがてエルサレムへ向かって続いていく。イエス・キリストの十字架に向かって、そしてその先にある復活に向かってこの旅は続いていくんです。イエス・キリストは、弟子たちのために祈ってくださいました。それは弟子たちが、イエス・キリストと一緒に働くことができるため。弟子たちは祈っていない。祈ったのはイエスさまです。傷ついてしまった世界というのは地球環境やコロナを見てわかります。その世界で激しく傷ついているのは、人と人との関係、そして何よりも傷ついているのは神さまと人との関係です。しかしその世界を回復するためにイエスさまは、弟子たちのために祈り「わたしと一緒にこの世界を回復しよう」とおっしゃってくださっています。そして弟子たちは、心を燃やされ、立ち上がって恐れから自由にされた。今もイエス・キリストは私たちのために祈ってくださっています。それはまず私たち自身が回復されること、そして私たちと周りの人びととの関係が回復されること、そしてそのことを通してコロナに痛んだ世界にも回復がもたらされていくこと、そのために私たちがたとえ祈れなくても、イエス・キリストは今も私たちのために力強く祈りをささげてくださっています。いつも申し上げることでございますが、人は生きたように死にます。そして死んだように、復活する。神さまの胸の中で生きた人は、神さまの胸の中で死にます。そして神さまの胸の中で死んだ人は神さまの胸の中で復活します。復活といわれてもそれがどういうことなのか、私たちにはよくわからないです。私もわからないです。けれどもただ一つわかっていることがあって、それはパウロがローマ人への手紙に書いています。

この希望は失望に終わることがありません。（ローマ5・5）

神であるイエス・キリストが私たちを回復するために、この世界を回復して、愛し合い、そして赦し合い、補い合うことができる、そういう世界へ回復するために、このお方が死んで復活された以上、希望は失望に終わることがない。どんな時であっても、コロナの時であっても希望は失望に終わることがありません。

先ほど召天者の方がたを記念する祈りをささげました。これらの方がたを思う時に、私たちの胸はやっぱりずきっと痛む。この胸の痛みを感じながら私たちは生きていくでしょう。けれどもやがて私たちも眠りにつき、その眠りから覚めた時には、愛する者たちとの再会が待っている、そのことを忘れてはならないと思います。胸の中の痛みを私たちは抱えながら生きていく。しかしイエス・キリストは本当にすべての人を癒やすお方であって、私たちの胸の底にある一番深い痛みも、愛する者たちとの別れも、その日イエス・キリストが癒やしてくださるということ、完全に癒やしてくださるということを、どうか心に留めていただきたいと思います。

短くひとこと祈ります。

恵み深い天の父なる神さま、このように離れ離れになってのネットの礼拝ではありますけれども、しかしこの朝の礼拝を礼拝とするのはあなたであることを覚えます。画面の向こう側におられる、愛するおひとり、おひとりの内にも、あなたのいのちが今朝豊かに注がれたことを信じます。どうかこの一週間も愛の内に、なすべきことを、なすべからざることを、わきまえて生きることができるように、そして新たな、本当にもたらされようとしている素晴らしいことを、このコロナの中からも、もたらしてくださいますように。またこの礼拝を視聴しておられる、まだイエス・キリストをはっきりと受け入れておられない方がたがおられましたら、どうかあなたに心を開くことができるように、新しいいのちに与ることができるように、私たちの救い主、尊いイエス・キリストのお名前によってお祈りいたします。アーメン。

# きよくするお方

聖書　マルコの福音書1章40～45節

40さて、ツァラアトに冒された人がイエスのもとに来
て、ひざまずいて懇願した。「お心一つで、私をきよく
することがおできになります。」41イエスは深くあわれみ、手を伸ばして彼にさわり、「わた
しの心だ。きよくなれ」と言われた。42すると、すぐにツァラアトが消えて、その人はきよ
くなった。43イエスは彼を厳しく戒めて、すぐに立ち去らせた。44そのとき彼にこう言われ
た。「だれにも何も話さないように気をつけなさい。ただ行って、自分を祭司に見せなさい。
そして、人々への証しのために、モーセが命じた物をもって、あなたのきよめのささげ物を
しなさい。」45ところが、彼は出て行ってふれ回り、この出来事を言い広め始めた。そのた
め、イエスはもはや表立って町に入ることができず、町の外の寂しいところにおられた。し

かし、人々はいたるところからイエスのもとにやって来た。

この数週間、マルコの福音書1章から読んでまいりましたけれども、イエス・キリストは、汚れた霊や悪霊を追い出し、また病人を癒やしたという記事が続いておりました。しかし今日の箇所はこれまでとは違った新しいことをイエス・キリストがしている。それは41節に「きよくなれ」という言葉がありますが、イエス・キリストは「きよくなれ」とおっしゃってツァラアトに冒された人をきよくされた。ツァラアトと言いますのは、旧約聖書のレビ記13章にあるように、いろいろな皮膚に出てくる疾患《しっかん》といいますか、症状です。不思議なことにツァラアトというのは皮膚の疾患だけではなく、これは家の壁にある染みにも使われていて、つまり表面が何かに冒されているというようなことをツァラアトと当時の人びとは呼んでいたようです。当時の人びとは、ウイルスによるものなのか、何によるものなのか、そんなこともわからないですから、伝染しそうだなと、経験の積み重ねで危険だと判断したら、とにかく隔離した。薬も何もない。だから隔離する。隔離された人は町の外に住む。そしてレビ記13章45節に記されていますが、だれかほかの人が近寄ってくると感染を避けるために「汚れています。汚れている」と叫ばなければならなかった。ツァラアトの症状がなくなるまで人を見たら叫び続ける、「私に近づかないでください。私に感染するといけませんから」という意味で。しかしこのツァラアトとは、何か痛みを伴うものでもなかったようですし、今すぐ生命に関わるというものでもなかったようです。ツァラアトと宣告された人の痛みは病《やまい》そのものというものよりむしろ、仲間との交わり、あるいは礼拝から身を離さなければならないという、疎外や孤独だったようです。

いじめの問題も、この日本の国を苦しめていると思います。自分たちと違う人がいたら、その人をいじめる。子どもたちだけじゃなくて、学校の先生の間でもそういうようなことがあったことは、胸が痛くなります。人と違う。空気が読めない。しかし本来、私たちがそれぞれ違うことは祝福であり、それぞれが違うから互いに補い合うことができる。自分にできないことでも、してもらうことができる。しかし私たちは往々にして自分がいじめられないために、だれかターゲットを作って、恐れから、その人と自分たちを分けて、「あの人はダメなんだ。私たちはそうじゃないよね」と言う。ところがまた、政権交代のように、いじめる側といじめられる側が入れ替わったりする。それが何となく行われているうちはまだましですけれども、そのうち入れ替わることがなくなってしまって、固定してしまうと、本当に生きるのがとっても辛いと感じる人がでてしまう。どうしてそうなのか。どうして恐れるのか。他の人の人生を生きづらくするほどに恐れるのか。他の人の人生をめちゃめちゃにしてしまうほどにどうして私たちは恐れてしまうのか。

原因は神さまの胸の中に抱かれていることを忘れているからです。いきなり、神さまと言われても「そんなの私は信じていないし」とおっしゃるかもしれない。でもいま直ちに皆さんにこのことが理解できるかどうかということは別にしても、間違いなく私たちは神さまの胸の中に抱かれている。そこで安心して、落ち着いて、今自分がしていることはどういうことなんだろうか。本当にこういうことをしなければ生き延びることができないような、そういう世界なんだろうか。落ち着いたらそうじゃないことは、直ぐにわかるはずなんです。今もコロナの中で、本当は世界中が協力し合うべき時なんです。協力して、どのような対策が最も有効なのか。そして医療資源にあるいは物質に余裕のある国は余裕のない所へ、送り出す。そして協力してワクチンを開発する。まさに今そういうことですよね。でもこういう中で国々が互いに非難し合ったり、自分のことだけを考えてこの機会に勢力を伸ばそうとしたりするならば、このコロナは人災に変わっていく。国というような大きなレベルでなくても、私たちもまた「こんな対策でいいんですか」、「うちの町内会はこんなんでいいのか」、「うちの会社はこんなんでいいのか」、「うちの教会はこんなんでいいのか」、「だからダメなんだ」

とだれかを責めることは簡単に起こりうると思います。あるいは日常の生活の中でも、ほかの人に「ほかの人よりは自分が」と言って必要以上なものを買いしめて、だれかにそれが行き渡らないということを忘れてしまったりすることがあるかもしれません。あるいは「感染なんて言ってるけど、いやいや……」と無頓着に過ごすことによって、自分の周りの人びとを危険にさらすようなことがないとも限らない。どうしたらそういうところに陥らないで済むだろうか。あなたは神さまの胸の中に抱かれている。だから落ち着いていて大丈夫だ。このことを知っている人びとはなすべきことを、今なすことができると思います。主イエスがこの時ツァラアトに冒された人にしたことは、単に皮膚をきれいにするということではありませんでした。イエス・キリストはこのツァラアトに冒された、そして癒やされた人に「祭司の所に行きなさい」と言った。当時の定めによりますならば、ツァラアトを宣言するのは祭司なんですけれども、解除するのも祭司。だから祭司が「あなたはもうきよめられた。あなたはもう大丈夫だ」と言えば、大手を振って仲間の所に帰ってゆくことができる。疎外されていた、孤独な、本当に自分の不運を嘆き、あるいはほかの人びとを恨んで生きる生活の中から、仲間と共に生きるという、そういう生活へと回復することができた。イエス・キリストが与えようとしておられたことは、単に病の癒やしでなくて、この人の回復なんです。

ほかの人との交わり、神さまに礼拝をささげることとの回復。

いつも申し上げることですが私たちの地上には三つの破れがある。神との関係が破れていて、神の胸の中で安心することを知らないから、慌てて、神に背を向ける罪を犯している。これが第一の破れ。第二の破れは人と人との関係の破れ。愛することができない。何かことが起こると、相手の意図とは関係なく、まるで自分が責められているかのように思って慌ててしまう。そして強い言葉で言い返したりする。言い返された方は、自分はそんなつもりはなかった、悪い気持ちはなかったのにいきなり自分が責められたような気がして、またそこで関係がさらに破れていく。そして第三の破れは、人と世界の間の破れ。いろんな環境問題が起こる。人が愛してケアするべきこの世界を自分が思うままに搾取し、貪るならば絶滅危惧種が生まれたり、あるいは大気汚染が生まれたりそのようなことがあると思います。神さまはこの時ツァラアトの人になしてくださったように、三つの破れから私たちを回復させてくださる。神との関係を回復させ、人との関係を回復させ、そして世界との関係を回復させてくださる。イエス・キリストはそういうお方です。「きよめる」。きよめるという言葉は、キリスト教会でよく使われる言葉ですけれども、きよめというのは何か特殊な経験をすることではありません。またほかの人がついていけないような、何だか世間離れした、霊的な、特殊な人になるということでもありません。そうじゃなくてきよいという人は、健やかな人です。神さまとの関係が健やかであり、ほかの人との関係が健やかである、そして愛を持って、良識を持ってこの世界をケアしてゆくことができる人。それがきよい人だということができます。

このツァラアトに冒された人が癒やされる前に、ひざまずいてイエスに懇願したという記述が、40節に出てまいります。こういう箇所に対して、この人はものすごく一生懸命祈ったから、ひざまずいて懇願して、しつこく祈ったから癒やされたのだというような誤解があります。またこの人がそういうように祈ることができたのは、この人の信仰が立派だからで、私らのような不信心な者はダメですというようなことは、よく聞く話です。でもそうじゃない。この人が癒やされたのは、この人が立派な信心を持っていたからでもない。この人の祈りが熱烈だったからでもない。そうじゃなくて、主イエスがおっしゃったのは、こういうことです。

「わたしの心だ。きよくなれ」（1・41）

イエスの心って何なのか。イエス・キリストは神が人になったわけです。神に心があるのか。もちろんあります。人は神のかたちに似せて造られたので、もし私たちに心があるとするならば、それは神に似ているから、心を持っている。本当の心を持っているのが、神ということができます。私たちの心の動きはしばしば自分中心で、あるいは歪みやねじれが多いんだけれども、神さまの心はそういう心ではありません。「イエスは深くあわれみ」という言葉も41節に記されていますけれども、「深くあわれみ」という言葉は「はらわたが動くほどに」という、内臓を意味する言葉が使われているところです。私は経験したことがありませんけれども、腸ねん転という病気があるそうで、のたうち回るといいますか、本当に痛いそうです。イエス・キリストのはらわたが痛んだ。このツァラアトに冒された人は、仲間から切り離され、出会いから切り離され、そして絶望的になっている。それでも何とかなりたいと思っているこの人を見た時に、イエスの心は痛んだ。はらわたがねじくりかえるほどに、神の心が痛んだ。神の心が痛んで、つまり「あなたはわたしにそのように願うけれども、あなたの回復はわたし自身の心であって、あなたが願うまでもなく、わたしはあなたを回復する。そのためなら、どんなことでもしてあげよう」、そういうお気持ちでイエス・キリストは、そうおっしゃってくださった。どんなことでも。どんなことって、どんなことなんだ。神が人を癒やすときに、魔法の杖を取り出してちちんぷいぷいと治せるんじゃないかと、そうじゃなかった。イエス・キリストは十字架にかかった。それはどういうことか。イエス・キリストは、掴みどころのない、形のない罪の力を十字架の上に引きずり上げて、ご自身もろとも貫かせて、そして滅ぼしてくださった。これまでの説教でもお語りした通り、罪の力は捉えどころがなく、しかし私たちをしっかりと支配していて、そして私たちの顔を地面にこすりつけるようにする。そして、「お前のような者はダメなんだ」、「みんながお前のことをバカにしているんだ」、「お前も奴らに一泡吹かせてやれ」と、いじけた心に私たちを駆り立てるのです。その罪の力をイエスは滅ぼしてくださった。聖書にそのように記されています。だれのために十字架にかかったのか。イエス・キリストはだれのために十字架におかかりになったのか。ツァラアトに冒された人のためでもある。そして私たちのためでもある。私のためであり、あなたのために、あなたが罪の力に支配されることがないように。あなたが回復せられ、本当に愛を注ぎだしながら生きることができるために、イエス・キリストは十字架にかかって死んでくださいました。

イースターに、ローマ教皇は異例のライブ配信をして、説教を行いました。このところの教皇フランシスコの説教には本当に心に響くものがあります。学ぶべきところが私はあると思います。キリスト復活の日であるイースターは、キリスト教会では最大のお祝い、クリスマスにまさるお祝いですけれども、コロナなので、パラパラと限られた人が参加する中で教皇が語る、そのような配信でした。教皇は最初に「私の希望、キリストは復活されました」と語りました。続けてこう語りました。「復活の主イエスは十字架につけられたお方です。その栄光ある体は、消し難い傷、イエス・キリストは十字架の上で両手、それから両足、足首、そして脇腹に五つの傷を負った。しかしそれは、身体の傷ばかりではない。神ご自身が、この私たちのために、ご自身が本当に癒えることのない、いつまでも残り続けるそういう傷を負ってくださった」と。体の傷よりも、十字架の上で「我が神、我が神どうしてわたしをお見捨てになられたのですか」と叫ばれたイエス・キリスト、父・子・聖霊という三位一体である神が、どういうふうであるかわからないけれども、引き裂かれるという、そういう傷を負ってくださった。ローマ教皇フランシスコはこのように続けます。「その栄光ある体は消し難い傷を持っています。その傷はしかし、希望を現す場所となりました。イエス・キリストの十字架は希望。復活の主に眼差しを上げましょう。苦しむ人類の傷を癒やしてくださるように。今コロナの中で、事実を発見し手を打っていくことは必要なことです。だけどあなたの心までもがコロナに支配されてしまってはならない。イエス・キリストに希望がある。目を上げろ。目を上げて、今苦しむ人類の傷を、このことを通しても癒やしてくださるキリストを仰いで生きろ」と、このようにメッセージをいたしました。多くの人がこのライブをインターネットで観ましたけれども、私もまた胸を打たれました。

私の父が四月十四日火曜日に召されました。寝ているうちに安らかに召されました。父は気性の荒い、気性の激しい人であったと思います。五十三歳の時に洗礼を受けました。しかし、私はわたしの父だけは洗礼を受けることはないだろうなと、なんとなく思うような、そのような人だったんです。しかし五十三歳で受洗した後は、段々変わっていったように思います。「神さまとか、教会とか、礼拝とか、なんだそれ」という感じだったんですけれども、とても印象に残っているのは3月22日の日曜日のことです。父が集っております御影福音教会は、その日からZoomでのネット礼拝を始めた。父はその頃には身支度をするのに一時間半くらいかかる状況だったそうですが、急いで、ドタバタと身支度をして、そして何とか身なりを整えて御影福音教会のZoomの最後の部分のほうに参加することができた。それが恐らく父が参加した最後の礼拝ではなかったかと思うんです。みことばを聞きたいと思った。そして教会の信仰の仲間の顔が見たい。自分の顔も見せたい。そういうふうに願った。若い頃の父からは考えられないです。この人を変えたのはだれなんだ。イエス・キリストです。父もまた主イエスによって癒やされた。イエス・キリストの傷によって癒やされた。十字架によって癒やされた。父の好きなみことばはローマ人への手紙5章1～5節でした。その最後のところに、こうあります。

この希望は失望に終わることがありません。なぜなら、私たちに与えられた聖霊によって、神の愛が私たちの心に注がれているからです。（ローマ5・5）

だから希望は失望に終わることがない、神の愛が私たちの心に注がれているから。このみことばを彼は握っていた。たとえ自分がどのような者であったとしても。私たちも皆そうです。自分が過去にどのような人間であったとしても、いやこの礼拝が始まる前に、私がどのようなことを思い、どのようなことをした人間であったとしても、この礼拝のただ中で、どのような思いを持った私であったとしても、神の愛が私たちに注がれているから、希望が失望に終わることがない。このツァラアトに冒された人、もうツァラアトを癒やされた人は、イエスさまがだれにも言っちゃいかんと言っているのに、この後、町の中でこの出来事を言い広めたわけです。イエスさまの言葉に従わないのは、あまり良いことじゃないと思うんですが、やっぱりその結果、皆がもう「イエス、イエス」というようになって、イエスはこの町の中での宣教を妨げられることになってしまった。この人はやっちゃいかんってことを、やっちゃったんだけれども、気持ちはわかると思います。福音は溢れ出る。癒やされた者は、その喜びは溢れ出る。

ドイツのメルケル首相（説教当時）は牧師の娘ですけれども、先週このように語っていました。「私たちは体の近さによる方法以外の別の方法を見つけなければいけない。別の方法によって好意と友情を示さなければならない。Skypeや電話、メール、手紙、色んなことがあるだろう」と。今私たちはこのように、礼拝さえも別々の所で守っている。顔と顔を合わせて、手を取り合って励まし合うことができないという現実。私たちは意気阻喪しがちです。けれどもこの時も神さまの愛は注がれている。神の愛が、はらわたが捻じれる程の愛が、十字架にかかるほどの愛が、どんなことをしてでも、孤独から、憎しみから、責め合うことから私たちを回復したいと願っておられる神の愛が私たちに注がれているから、私たちは何か別の方法を見つけ出すことができる。YouTube《ユーチューブ》礼拝は本当の礼拝か、いや神の愛が私たちの心に、この礼拝に注がれているから、YouTube礼拝も礼拝となることができる。

ある人たちの習慣に倣って自分たちの集まりをやめたりせず、むしろ励まし合いましょ

う。その日が近づいているのですから、ますます励もうではありませんか。（ヘブル10・25）

このように書かれていることを硬直的に解釈して、コロナの中でも礼拝を教会で守らなければならないといけないと言う必要はないと思う。別の方法を見つけたらいい。その別の方法が本当の礼拝になるように、神の注がれている愛のもとで、私たちはそのように生きることができます。

短くひとこと祈ります。

恵み深い天の父なる神さま、この朝もあなたがこのライブ礼拝を礼拝としてくださったことを信じます。参加されたすべての方がたの上にあなたの守りと祝福が本当に注がれるように。この一週間も神の愛が私たちの心に注がれ続けることができるように。そしてそれぞれが置かれた場所でこの世界の回復のために、それぞれにできることをなしていくことができるように。あるいはなさざるべきこと、なしてはならないことをなすことがないように。尊いイエス・キリストのお名前によってお祈りいたします。アーメン。

# 罪を赦すことができるお方

聖書　マルコの福音書2章1～12節

1 数日たって、イエスが再びカペナウムに来られる
と、家におられることが知れ渡った。2 それで多くの
人が集まったため、戸口の所まで隙間もないほどになった。イエスは、この人たちにみことば
を話しておられた。3 すると、人々が一人の中風の人を、みもとに連れてきた。彼は四人の人
に担がれていた。4 彼らは群衆のためにイエスに近づくことができなかったので、イエスがお
られるあたりの屋根をはがし、穴を開けて、中風の人が寝ている寝床をつり降ろした。5 イエ
スは彼らの信仰を見て、中風の人に「子よ、あなたの罪は赦された」と言われた。6 ところが、
律法学者が何人かそこに座っていて、心の中であれこれと考えた。7 「この人はなぜこのよう
なことを言うのか。神を冒瀆している。神おひとりのほかにだれが罪を赦すことができるだろ

うか。」8 彼らが心のうちでこのようにあれこれと考えているのを、イエスはすぐにご自分の
霊で見抜いて言われた。「なぜ、あなたがたは心のなかでそんなことを考えているのか。9 中
風の人に『あなたの罪は赦された』と言うのと、『起きて、寝床をたたんで歩け』と言うのと、
どちらが易しいか。10 しかし、人の子が地上で罪を赦す権威を持っていることをあなたがたが
知るために――。」そう言って、中風の人に言われた。11「あなたに言う。起きなさい。寝床
を担いで、家に帰りなさい。」12 すると彼は立ち上がり、すぐに寝床を担ぎ、皆の前を出て行っ
た。それで皆は驚き、「こんなことは、いまだかつて見たことがない。」と言って神をあがめた。

今日の聖書の箇所ですが、この日多くの人びとが、主イエスの元に押し寄せていました。カペナウムではイエスさまはとても有名でした。少し前にはペテロの姑を癒やし、そしてまた多くの悪霊を追い出すというような、そのような奇跡をなさったんです。ですからこの時詰めかけていた人びとの多くは、病や悪霊やよくわからないそのようなことからの癒やしを求めていた人びとであっただろうと思います。また、そういう奇跡を見たいと思って詰めかけてきた人びとも多くいただろうと思うんです。しかしこの時イエスさまがしていたのは、奇跡をやってみせるということではありませんでした。

イエスは、この人たちにみことばを話しておられた。（2・2）

「癒やしてください。奇跡を見せてください」と言う人々に、イエスさまはみことばを語っておられた。みことばを語るというのは何を語っていたことなのか。

「時が満ち、神の国が近づいた。悔い改めて福音を信じなさい」（1・15）

このイエス・キリストの福音のど真ん中のことを語っていた。一番中心になっているのは「時が満ちたんだ。私がこの世界に来て、世界に時が満ちて今決定的なチャンスが訪れた。今こそ悔い改める時、方向転換する時だ」ということです。方向転換というのは、今までは、イエスさまを知らない人たちはみんな、自分が主人公だと思っています。「自分が主人公なのに、主人公である自分がこんなような扱いを受けるのはけしからん。もっと私は褒められるべきなのに、中心になって生きるべきなのに」そのように人は自分を主人公として生きています。けれども、私たちは世界の主人公ではないのです。歴史の主人公でもないのです。

主人公は神さまです。ですから自分が主人公だというのは、偽りの物語。私たちが勝手に信じている。そうじゃない証拠が出てきても耳を塞いで目をつぶって、「自分が主人公だ」と思い込んでいる。そして自分の小さな部屋に閉じこもって、「私が主人公だ」と言い続けながら生きていくというのが、私たちの生き方ではなかったかと思うんです。しかしイエスさまはそうじゃない。「時が来た」。まことの神が人となってこの世界に乗り込んで来てくださった。そして神さまが本当の主人公であって、私たちは神さまを主人公として、神さまと共に生きていく。主人公である神さまに導かれ、またそのお心を知り、私たちの心が神さまの心に似た者となって、神さまがこの世界にしたいと願っておられることをしていく。そういうように、主人公というより「しもべ・仕える者・共に働く者」として生きる、そのように悔い改めなさい、と。今まで自分の方を見ていたのを転換して、神さまを見る。神さまの胸の中に飛び込んで、そこで生きる時が今来たのだと、これがイエス・キリストの福音です。

このように語っておられるところに、中風の人を担いだ四人の人びとがやってまいりました。この人たちは非常に奇妙なこと、非常識といってもよいことをいたしました。イエスさまは今話しておられるわけです。教会の集会でも用事できた人に終わるまで待ってもらうことがあるでしょうが、普通だったら彼らも、イエスさまが語り終えて人びとがまばらになった頃に「私たちの友を癒やしてください」と言うだろうと思うわけです。しかし彼らは待たなかった。そしてなんとも大胆で、非常識なことをいたしました。

彼らは群衆のためにイエスに近づくことができなかったので、イエスがおられるあたりの屋根をはがし、穴を開けて、中風の人が寝ている寝床をつり降ろした。（２・４）

よその家の屋根に穴を開けた。当時このあたりの家は四角くできていて外階段がついていた。外階段をたどると簡単に屋上に上がることができる。屋上も平らで手すりが付いた屋外テラスのようになっていますので、その平らなところに乗っかることができた。屋根そのものも、木と泥でできていました。木の骨組みに泥をくっつけて作ってありますので簡単に穴を開けることができた。難しいことではありませんでした。でも、いかにこの当時とはいえ、他人の家を勝手に壊すのは非常識なこと。しかも、主イエスが語っておられるまっ最中に、主イエスの目の前に病人を送り込むというのは、どう考えてもめちゃくちゃなことだったんです。しかし、イエスさまは「私が語っているときになんてことをするんだ」とはおっしゃらなかった。

## イエスは彼らの信仰を見て（2・5）

イエスさまは彼らのなしたことに、彼らの信仰を見出した。脳卒中による手足の麻痺などの後遺症が残った人のことを中風の人と呼んでいました。だからこれはもう後遺症なので、今なんとかしなければ死んでしまうというような、一刻を争う病ではありませんでした。だから本当だったら「なんでそんなに急ぐんだ。落ち着け。集会が終わってからでも十分じゃないか」と言うところなんです。しかしイエスさまは彼らの性急な行動、急いだ行動を好ましく思われた。なぜだろう。それは彼らのその性急さというのはただ焦っているだけじゃない。ただ慌てているだけじゃなくって、イエスさまが「時が満ちた。今だ。今あなたの生き方を変えて、神さまを主人公にして神さまの胸の中で生きる、今その時が訪れた」というイエスさまへの福音への応答であったからです。その「今」に彼らは応答した。行動を持って応答した。今や新しい時代が始まったんです。人びとは次々にイエスさまの所へやってきて、そして生涯を変えられていく。この四人の人びともそういうふうに悔い改める人びとであったのかも知れない。おそらくそうだろうと思います。その彼らが、寝たきりの人を助けようとした。彼はひょっとして「なぜ俺だけこんなふうになっちゃったんだろう」とひがんでいたかも知れない。妬んでいたかも知れない。そして友だちの話を聞いて「私もその福音に与りたい」と思いながらも、「でもこの身体だから」と嘆いていたのかも知れない。でもこの四人は、この寝たきりの友人をそのままにしておくのは忍びなかった。彼らは「イエスさまだったらこの寝たきりの友だちを立ち上がらせてくださるだろう。このもつれをほどいて自分の口で信仰を告白させてくださるだろう。そしてこの友だちも神の国に飛び込むことができるだろう。一刻も早くこの友だちをこのイエスさまの福音に与らせたい」と願った。ですから彼らは、イエスさまをただ病を癒やしてくださる魔術師か腕のいい医者のようなお方だとは思っていなかった。そうではなくて、イエスさまが回復してくださるのは病の後遺症だけじゃなくって世界を回復してくださる、そして、痛み互いに傷つけ合いそして「自分なんか大切にされていない」と言って叫びを上げているこの世界を回復するために、イエスさまは来てくださったのだと、そういう救い主であることをおぼろげながらに気づき、友人を担いで急いでこの福音にはせ参じた。彼らはそのような人びと。

ところがこの時居合わせた人びとが期待していたのは、イエスさまがこの人をただちに癒やすっていう、そういう奇跡を見たくて来ているわけです。だから「さあさあやるぞぉ」と思って待っていた。ところがイエスさまがしたことはそうではない。

中風の人に「子よ、あなたの罪は赦された」と言われた。（2・5）

おそらくがっかりした人も居ただろう。あるいはこの律法学者たちのように、「なんだ、口先か。口先で罪の赦しを宣言することならだれにでもできる。そもそもだれが罪を赦すことができるのか。癒やしの奇跡を見せてみろ。そしたら信じてやる。口先の罪の赦しなんかいらない」と、彼らは思っていました。このことは十字架の上で、イエスさまに、「本当に神ならそこから降りてきてみろ。そしたら信じてやる」と言った人びとに通じるところがあります。

さて、人間の本当の問題って言うのは病なんだろうか。もちろん病は大きな悩みです。病だけではない。貧しさや様々な人生のトラブル、特に人間関係のトラブルで私たちは悩まされる訳です。だけど同じように病にかかっていても、同じようにトラブルの中にあっても、貧しさにあっても、やっぱりそこで、それでも神を愛し、周りの人びとの慰めとなって生きる人びともいる。そしてそうでない人もいる。同じ病であっても。だから人の生き方を決定するのは病があるかないかではない。「病に勝つ」いう言葉がありますけれども、病に勝つと言うことはどういうことだろうか。病が治ったら、気力で病を圧倒して病が治ったら、それが病に勝ったということなんだろうか。それとも病の中にあっても、もっと深いところで病に代表されるこの世の悪と痛みに勝っていく方法があるのではないか、と思うんです。

父のことを語るのは非常に恥ずかしいような気もしますけれども、父は晩年、川柳をひねって楽しんでおりました。まあなるほどと思わせるようなものもありましたけれども、だいたい私にはよくわからないものが多かったです。しかし、その中に母のことを詠った「独り居の妻を案じる台風の」という一つの句がありました。これは父が入院中の時の作品です。二年ほど前のことですが、既に大腸がんのステージ4を宣言されていて、がんそのものはもう取れない大きさになっていました。抗がん剤治療も断って、ただ食べ物が通過するように大腸がんをバイパスする通路をつける手術をうけるために、短期間入院していました。あの年は大きな台風が来た。父は頑丈な病院の大きなガラス窓に吹き付ける雨や風を見ていたんだろうと思うんです。その時ふと一人で自宅にいる母を思い、母のために祈ったのではないか。父が大変立派な人間だったとか、そんなことを申し上げるつもりはない。でもこの時父は台風の中で、「自分は大丈夫だけれども、しかし母はどうしているのかな」と、そのように思い、大腸がんを抱えながら川柳を詠んだ。人生には治らない病にかかることもある。大抵の人は何かの病では死ぬ訳ですから。それでもその時、人は愛を注ぎだして生きることができると思います。病に勝つ人生とはそういう人生だと私は思います。主イエスが来られたのはただ病を治すためであったか。そうではないです。病の中にあって始まった新しい生き方、神の国の生き方。神さまを主人公として生きる、愛のしもべの生き方を生きることこそが、病に勝利する人生だと思います。主イエスは私たちを解き放つために来てくださった。この世界にはやっぱり罪の力や悪の力が存在していると思います。それらの力は、私たちが弱いときに・病にあるときに・困難にあるときに、そういう私たちの弱みに本当に卑劣に乗じるのが罪の力です。そういう時に私たちを支配し、私たちを混乱させ、意気消沈させ、あるいは怒りに駆り立てるなどして、神さまから引き離し、また私たち互いを分断しようといたします。けれども主イエスは、そんな痛みにうめく私たちを放っておくことができなかった。そのままにしておくことができなかった。だからこの世界に来てくださいました。病や様々な出来事に苦しみ、互いに分断され、そして「もうダメだ。私のような者は」と言って絶望を味わう私たちを、ただ見ていることができなかった。だからご自分が苦しむために、ご自分が御父と分断され、「エリ・エリ・レマ・サバクタニ」、すなわち「我が神、我が神、どうして私をお見捨になったのですか」と、見捨てられ絶望してくださったのです。

友人の若い牧師が日本赤十字社のホームページを教えてくださいました。そこには気に留めさせられることが書いてありました。コロナウイルスが怖いのは三つの感染症があるからだと、書いてあるんです。第一の感染症というのは、もちろん病気そのものです。しかしホームページに依るならば、コロナの恐ろしさは、第二の感染症、第三の感染症とつながっているからだと。第二の感染症は「不安」であり、第三の感染症は「差別」だと言うんですね。「不安」というのは私たちから気づく力や、ほかの人の必要を聞く力を奪う。そして自分を支えてそれらの必要なことに当たらせる力を弱める。この不安は瞬く間に人から人へと伝染していくと言います。第三の感染症である「差別」。これは偏見や嫌悪と結びついていますけれども、ある特定の敵を作りだすんです。その敵を攻撃することによって、束の間の安心を見出だそうとする。これはコロナに限らないですよね。世界の歴史の中でも、現代の日本でも、「嫌〇〇」っていうのはよくありますよね。だれかを憎む、だれかを嫌う。根拠があろうがあるまいが、そういうように束の間の安全を得ようとすることが、歴史の中で繰り返されてきました。何も新しいことではない。でも毎度毎度、人類は不安になる。不安が起こる度に、疫病が起こる度に、危機が起こる度に。差別と偏見、嫌悪。これは不安にさいなまれてそういうことに走るわけです。そうして同じ罪の力に支配されて来たということを思うんです。その結果、人と人との信頼関係や社会のつながりが破壊されてしまう。私はここまで読んで、このホームページは大変優れたものだと感心しました。

しかし、このホームページの続きの「ではどうしたら良いのか」という肝心な部分については、不十分であると思いました。そこには、不安に対しては「自分をよく見つめましょう。そして普段の生活のペースを守りましょう。自分を責めたりするんじゃなくて自分を肯定して、そして安心しておしゃべりができる相手につながりましょう」と書いてあります。なるほどとは思う。あるいは差別に対しては「どんな人にも、すべての人をねぎらい、敬意を払いましょう」と書いてあります。たとえば医療従事者に対する差別のようなことが言われていますが、これらのアドバイスは本当にそれができたら何かの足しにはなるかと思うんです。でも、私たちの問題は本当には解決しない。なぜなら、私たちの問題は、「すべての人に敬意を払いたい、ねぎらいたい、自分を肯定したい、普段の生活のペースを守りたい。でも、そうしたいんだけれども、そうできない」というところにあるからです。私たちの問題や苦しみはそこにあるからです。なぜならそこには私たちよりもはるかに強い力が働いているから。その力にまるで組み伏せられるようにねじ伏せられて、そして無理矢理顔を背けさせられて、罪の力によって神さまと仲間から顔を背けさせられているというのが私たち罪人の姿だからです。しかし良い知らせがあります。10節にあるように、主イエスは、罪を赦す権威を持つお方だからです。私たちの罪を赦すことができるだけじゃなくて、権威をもって私たちを罪の力の支配から解き放つことができるお方です。それが十字架の上でなされた。自らの死によって、自らその身体を裂かれることによって、自ら苦痛のあまり、また父との間を断絶される痛みのあまり、苦しみの中で叫ぶことによって、なされた。イエスさまはご自分の権威を用いてくださった。口先だけの権威じゃあない。十字架の血による、だれにも打ち勝つことができない、どんな罪の力も打ち勝つことができない権威がイエス・キリストにおありになって、この権威によって私たちは罪を赦され神の子とされている。だれもこの私たちの身分を取り去ることはできない。だからわたしたちはこの権威によって、不安から守られることができる。この権威によって、十字架の権威によって、私たちは差別を憎み続けることができます。この十字架の権威によって、私たちは愛を注ぎだして生きることができます。

短くひとこと祈ります。

天の父なる神さま。この朝もコロナのただ中にあって、御子イエス・キリストの十字架の血潮を仰ぎます。どうかこの権威によって、私に命じてください。愛するように、落ち着くように、覆うように、贖うように。この権威によって、私たちをこの世界に遣わしてくださ い。そして勇気を持って留まる時は留まり、勇気を持って進んでいく時は進ませてくださいますように。私たちのための十字架の御子、イエス・キリストの血潮によって御前にお祈りいたします。アーメン。

# 罪人を招くお方

聖書　マルコの福音書2章13～17節

13 イエスはまた湖のほとりへ出て行かれた。する
と群衆がみな、みもとにやって来たので、彼らに
教えられた。14 イエスは道を通りながら、アルパヨの子レビが収税所に座っているのを見て、
「わたしについて来なさい」と言われた。すると、彼は立ち上がってイエスに従った。15 それ
からイエスは、レビの家で食卓に着かれた。取税人たちや罪人たちも大勢、イエスや弟子た
ちとともに食卓に着いていた。大勢の人々がいて、イエスに従っていたのである。16 パリサ
イ派の律法学者たちは、イエスが罪人や取税人たちと一緒に食事をしているのを見て、弟子
たちに言った。「なぜ、あの人たちは取税人や罪人たちと一緒に食事をするのですか。」17 こ
れを聞いて、イエスは彼らにこう言われた。「医者を必要とするのは、丈夫な人ではなく病人

です。わたしが来たのは、正しい人を招くためではなく、罪人を招くためです。」

この日、イエスさまは取税人のレビに目を留められました。取税人というのは現代でいうところの税務署の職員というのとは全く違った意味を持った言葉です。当時ユダヤの国、ユダヤというのは元のイスラエルが二つに分かれてできた南王国ユダですが、そのユダヤはローマ帝国に支配されておりました。ユダヤ人というのはとても誇り高い、愛国心の強い民族です。また自分たちを神さまに選ばれた特別な民だと思っていました。ほかの国の支配の元にある、属国の状態にあることを非常に痛みに思っていました。ですから、独立への動きというのは絶えなかった。ユダヤ人たちがみんなそのように独立したいと思っているのに、この取税人と呼ばれる人びとはローマのために同胞から税金を取りたてる。そして彼らの報酬はそこに上乗せして取りたてた分から支払われるわけですので、自分の欲望のために同胞を裏切って売り渡しているような人びと、そのように見られていました。ザアカイさんの話がありますけれども、ザアカイがとても嫌われていたのは、そういう取税人という仕事をしていたからです。ですから、もし当時のユダヤで「罪人」というのがあるとしたら、だれもが筆頭にあげるのが取税人でした。これは律法を破った人と全く同列に見なされておりました。実はマルコの福音書でレビの名前はここだけにしか登場しない。マルコの福音書がレビについて記しているのは、イエスさまがレビを招かれて彼は従ったこの箇所だけ。ただそのことだけのために、マルコの福音書はレビについて記しました。

イエスは道を通りながら、アルパヨのレビが収税所に座っているのを見て、「わたしについて来なさい」と言われた。すると、彼は立ち上がってイエスに従った。(2・14)

これがレビについて記されているすべてのことです。私たちがこの箇所を読む時にいつも考えることがみんなあると思うんです。それは、「レビはどうしてイエスさまに従うことができたんだろう。財産もあっただろう、軽蔑されているとはいえ仕事もあった。家もあった。それなのにどうしてレビは従うことができたのか」ということです。その問いの背後には自分に対する問いがあります。「私はイエスさまに招かれたならば、お金や家族や仕事や住まいといったものすべてを捨てて従うことができるのだろうか。できそうにないな」と思い、そこでまた悩み始めるわけです。「何が私に足りないんだろう。祈りが足りないんだろうか。それとも私の決心が弱いのだろうか。私の信仰がダメなんだろうか」と、そういうふうに悩み始める人びとを私も多く見て参りました。私自身もそのようなところを通ってきたと思います。けれども、このレビを見るならば、彼は何にもしていないです。イエスさまの所にイエスさまの福音を聞きに行くことさえしていない。彼は座っていたんです。いつもと同じように、取税所に座ってそこを通る人から税金を取っていた。ただいつものように生活していた。それなのに、主イエスがレビの所にやってこられた。

アルパヨの子レビが収税所に座っているのを見て（2・14）

レビがイエスさまを見たわけじゃない。イエスさまがレビを見てくださった。目を留めてくださった。「あ、ここにこの人がいる」と言って、イエスさまが見てくださった。じっとご覧くださった。そしてイエスさまは「わたしについて来なさい」と、言われた。主語はすべてイエスさまです。主イエスが来られて、主イエスが見られて、主イエスが招かれた。「主イエスが」なんです。「レビが」というのは出てこないんです。主イエスが来られる時に、主イエスが見られる時に、主イエスが招かれる時に、新しい出来事が起きる。私たちの人生に新しいことが起こる。主イエスが来られるならばそこにいつも新しい出来事が起こります。

レビがどうしてイエスさまに従うことができたんだろうか、それは主イエスがそれを望まれたからです。

私たちにとってもこれは同じです。私はついて行けるだろうか。イエスさまが「従っておいで」と言ったらついて行けるだろうか。そういうことを考えるあなたの中には、もう主イエスの招きがある。もう主イエスのまなざしがあなたに注がれている。もう出来事は始まっている。主イエスが具体的に、「あなたはこのことをこのようにささげなさい」とおっしゃるならば、それはその時起きる。でも、そういうことが今なかったとしても、何も始まっていないわけではない。もうすでに始まっている。あなたは「主イエスが喜ばれることはどういうことだろうか。どうやったら主イエスのみこころに従うことができるだろうか」と、考え始めている。それならば、もう始まっています。

今は休止中の「一年十二回で聖書を読む会」に集われているご近所の方がたが、しばしば私にお尋ねになる質問がございます。それは、「どうしたら信じることができるでしょうか」という質問です。これはすばらしいことだと思うんです。今までイエスさまを知らなかった人が、「私は主イエスを信じたい。どうしたら私は信じることができるでしょうか」と、お尋ねになっているわけです。簡単な答えがあったらどんなに良いだろうなとも思わないこともないです。たとえば、「聖書を最初から終わりまで三回読みなさい。そしたら救われます」と言ったら、みんな大喜びで三回読むだろうと思うんです。あるいは、「毎週日曜日の十時十五分になったら必ずYouTubeで礼拝を守りなさい。そしたら救われます」と言えば、とっても明快だろうと思うんです。しかし、主語はイエスさまです。信仰はイエスさまが与えてくださる。ですから、これとこれをしたらと信じることができるというような分かりやすいことを申し上げることができないです。その代わり、このように申し上げます。「あなたは『信じたい』とおっしゃる。主イエスが信じさせてくださる。どうか今ちょっと落ちついて静かに考えてみてほしい。あなたは今まで『主イエスを信じたい』と思ったことがなかった人でした。でも、今、『主イエスを信じたい』とそのようにおっしゃる。それをそうさせたのは主イエスであって、そういう意味では、あなたが『信じたい』と思うこと自体、もうすでにあなたの中に信じることが始まっている。もう既にあなたの人生に主イエスは踏み込んでおられて、すばらしい出来事をもう始めてくださっている。このことを心に留めてください。そしてますますあなたの心を開いたら良い。無理矢理開くことはできないけれども、まるで花びらが、だんだん時が来れば開くように開いたら良い。『主イエスよ、信じたい。信じさせてください』。そのように願い、口に出して祈り、そしてその時を楽しみに待ったら良い。もう既に始まっている。もうずいぶん始まっている」とそういうふうに申し上げるんです。

さて、イエスさまがレビを招かれた後、レビの家で宴会が始まったんです。

それからイエスは、レビの家で食卓に着かれた。取税人たちや罪人たちも大勢、イエスや弟子たちとともに食卓に着いていた。大勢の人々がいて、イエスに従っていたのである。（2・15）

これは感動的なことですね。レビは収税所の席を立って自分の家にみんなを連れて行って、そして自分の家の中にあるものを用いて宴会を始めた。そこに主イエスがいる。そこに仲間たちがいる。その人びとが互いを喜んでいる。そして、それまでのレビってどうだっただろうか。レビは、神に背いて、人から嫌われていた。自分のことしか考えないような者。レビはそういう自分のことを、好きであったとは思えない。彼は自分のことを受け入れることはできない一人であったと思います。しかし今、イエスさまに受け入れられた時に、彼は人びとが自分の招きに応じて自分の家で宴会をしていることを見るわけです。そして自分もまた失われた一人であったのに、今仲間の元に取り戻されたことを知ったと思います。レビはこの時、自分を喜ぶことができたのではないか。彼の過去がどんな過去であったとしても、取税人になったということは様々ないろんなこともあったと思う。でもそれがどんなことであったとしても、今彼は主イエスに受け入れられて、そんな自分を喜んでいます。

人生の不幸の多くは、病や貧しさといった具体的に起こってくる出来事そのものというよりは、そういう出来事の中で互いに愛し合うことができなかったり、ほかの人を受け入れ合うことができなかったり、そういう所から生じると思います。だから、「人からこう言われた。それで自分もつい相手にこう言っちゃった」、「こんな人間関係になってしまった」、「相手のことも受け入れられないけど、自分のことも受け入れられない。私の人生はどうしてこんな人生になってしまったんだろうか」と、だれもが苦い思いを抱えている。だから、「自分を受け入れたら良いんだ」と、そういうふうに聞かされても、人はどんなに努力をしても自分で自分を受け入れることはできません。でも、主イエスの胸に抱きしめられ、主イエスのまなざしに見つめられ、主イエスが近寄ってこられ、「あなたはわたしの大切な子だ」、「わたしはあなたのために何も惜しむことをしない」と言ってくださった。イエスさまがこの私のために、自分が大嫌いだと言うこの私のために、ぐだぐだになってしまったこの私のために。主イエスがそれを見ていることができなくて、何も惜しむことをなさらないで、すべてを裂かれて与えて血を流し尽くしてくださった。このことを自分のこととしてこの愛を受け取るという、これが聖餐です。今日は聖餐を行うことができませんけれども、しかし心の内に私のために裂かれたイエスさまの御身体と血潮を覚えるならば、それがまことの聖餐であります。私たちはそんな風にイエスさまの胸に抱かれて初めて自分を受け入れることができる。今までの自分を受け入れるというそういうわけでもない。「今、主イエスの胸に抱かれている自分」を受け入れる。主イエスに罪を覆われている、嫌なところいっぱいあるんだけれども、そこも主イエスに抱きしめられている。主イエスに抱きしめられている自分を私たちは受け入れることができます。そしてその胸の中で変えられていくことができます。レビの宴会には取税人や罪人たちが大勢いました。人はみんな罪人なんだけれども、でも、ここで言われるところの取税人や罪人たちというのは、すべての人が罪人だと言うのとは明らかに違う意味で用いられています。ここでいう罪人というのは、律法を破った人びと。ユダヤの人びとから言うならば、汚れた人びと。そういう人びとがたくさんこの宴会には含まれていた。17節にあるように、イエスさまはこうおっしゃった。

「医者を必要とするのは、丈夫な人ではなく病人です。わたしが来たのは、正しい人を招くためではなく、罪人を招くためです。」（2・17）

医者は重い病人から先に診ますよね。「軽い病人しか診ない、重い病人を私は診ません」という医者はありえない。だから、このことを今日覚えていただきたいと思います。あなたが罪を犯す時に、主イエスはとりわけあなたの近くにおられる。あなたが「もうダメだ。神さまを信じていると言いながら、こんなことを私はしてしまった」、「こんな嫌な気持ちになってしまった」、「こんなことをほかの人に言ったりしてりしてしまった」、「もうこのような私は主イエスの名前に値しない」と思ったその時こそ、主イエスがそばに居てくださる。「医者を必要とするのは病人だ。あなたは罪に悩んでいるのか。あなたはその罪に苦しんでいるのか。私は医者だ。罪人のために、あなたのために、今あなたの最も近くに近づこう」と言ってくださる。自分でも許しがたいような罪があるでしょう。「こんなこと何で言っちゃったんだ」、「こんなこと何でしちゃったんだ」と。大きな罪がある。自分でも許せない。その時こそあなたは、医者を必要としている。主イエスを必要としている。そしてあなたが呼ぶ前に、主イエスが来られて、あなたを招いてくださっている。そして贖いの血潮をあなたに注いでくださっていることを、忘れないでください。罪を犯したその時ほど主イエスは近い。どうしようもないあなたであればあるほど、主イエスはあなたのための贖いをその時に成し遂げてくださっているということを覚えていただきたいと思います。

しかしこの時、そこにいたすべての人びとが喜んでいたというわけではありませんでした。

パリサイ派の律法学者たちは、イエスが罪人や取税人たちと一緒に食事をしているのを見て、弟子たちに言った。「なぜ、あの人は取税人や罪人たちと一緒に食事をするのですか。」（2・16）

彼らは、自分たちが律法を守っている「義人」であると思っていました。だから、もし救世主、メシアが来られるなら、まず正しい自分たちの所に来て、「おまえたちはよくやった。おまえたちはすばらしい。おまえたちこそ私の右側左側に座るべき、共に支配するべき者たちなのだ」と、当然言うだろうと思っていたわけです。ところがイエスさまが招く者、弟子にする者は、取税人のレビやガリラヤの律法を守ろうにも守れないような生活をしている漁師たちでした。そのような人びとをイエスさまは招かれた。そして律法学者たちに対してかなり厳しいことをおっしゃっています。彼らはイエスさまから「あなたの心はどこにあるのか、形だけ律法を守っていても神を愛する愛、隣人を愛する愛があなたの中にあるのか」ということを問われていました。自分たちは正しいとそう思っているわけですから、それをないがしろにして、この罪人、どうにもならない取税人を大切にする主イエスに対して、はらわたが煮えくりかえっていた。「なぜあの人は取税人や罪人たちと一緒に食事をするのですか」というのは、ただ無邪気に質問しているわけじゃあないです。しかもイエスさまに言っているわけでもない。「あの取税人たちめ。あの人たちはどうしてこうなんだろうか。たまらんよな。あの人たちは、もう」と言っているわけです。しかしそれを耳に挟んで、イエスさまはこの人びとに対しても直接語られた。「医者を必要とするのは罪人だ。あなたはどうなのか。あなたも罪人ではないのか。だったら、ここに医者がいる。私があなた方も癒やしてあげよう。わたしのいのちをもって、あなたがたを贖い取ってあげよう」と招いておられるわけです。しかし、彼らはそれを受け入れない。そして律法学者やパリサイ人たちの怒りはますます積み重なっていき、最後にはイエスさまを十字架にかけることになる。イエスさまは医者なんだけども、ただの医者じゃない。自分の血を与え、自分の肉を裂き、それによって私たちを癒やしてくださる。医者であり犠牲の子羊、そういうお方。それが私たちの救い主イエス。私たちを愛して抱きしめて放すことがない。罪を犯せば犯すほど近くにいてくださる。イエス・キリストは、私たちの救い主。

今日は第一主日ですから、コロナさえなければ聖餐に与っていたはずです。今世界中の教会は、コロナ時代の聖餐のあり方、聖餐をどのようにしたら持つことができるのかということで悩んでいます。インターネットでも聖餐が可能だという意見もあります。「あらかじめウエハウスと葡萄汁を配っておいて、そしてネットの中で、画面の向こう側で聖餐を司式する牧師に従ってそれぞれの自宅で聖餐を行うことが可能だ」という人びともいる。そうかと思うと、「そんなことはあり得ない。目の前で牧師あるいは司祭が聖別したパンと葡萄酒でなければならない」という考え方もあります。これはキリスト教の長い歴史の中で初めてのネットライブ礼拝ということが行われていますので、実はだれも正解は知らない。意見はあっても、正解は知らない。その意見が正しかったかどうかと言うのは、多分何十年か経たないとわからない。正しかったのかどうかわからない。あれによってキリスト教はいのちを保ったということになるかもしれない。あるいはキリスト教はいのちを無くしたという結果になるかもしれない。しかし、大切なことは、私たちが意見の違いで分裂してはならないということです。意見はいろいろあります。意見はいろいろあります。しかし、意見の違いで分断されるようなことがあってはならない。そもそも聖餐は私たちをキリストと一つにし、また、私たちを互いに一つにするためにイエスさまが流された血潮です。互いに相争い、そして妬み合っている私たちを見ていられなかったイエスさまが、私たちを癒やすために流された血潮であることを思います。その聖餐をどういうふうに持つかのことで分裂するなんてもっての外です。

今日は聖餐を持つことができない。しかし、心を一つにキリストの十字架を想い、私たちの罪も告白して、主イエスの与えてくださる癒やしに、自分自身を投げ込み、主イエスの胸の中に飛び込んでいく、そういう時を持ちたいと思います。今しばらくの短い悔い改めの時を持ちます。私たちが言葉において、思いにおいて、行いにおいて犯した罪、みこころを傷めるようなそのような一つ一つの出来事を、今、告白します。

ひとこと祈ります。

恵み深い天の父なる神さま。あなたはご存じです。私たちが思い出すことができた罪も、思い出すことができないでいる罪も。けれどもあなたはすべてご存じで、そしてそのためにご自身、ひるむことなくあなたのためならと言って、十字架にかかってくださったことを覚えます。今あなたの血潮と御身体が私のために裂かれたこと流されたこと、信じます。仲間たちのためにもその罪をあなたが贖ってくださったことを信じます。どうか愚かな私たちを赦してください。そして一つにしてください。あなたの胸の中で仲間と私を一緒に抱きしめてくださり、一つにしてくださいますように。尊いイエス・キリストのお名前によってお祈りいたします。アーメン。

最後に一つだけ。この日レビの家には人びとがあふれました。そしてレビの食物を食べ葡萄酒を飲みました。そこからさらに多くの癒やされる人びとが起こされただろう。なにかよくわからないけども「宴会やっているぞ」と言って来た人もいるかもしれない。あるいはそこで癒やされた人たちがそこから出て行って、さらに主イエスの癒やしの福音を伝えていったということもあるだろうと思うんです。どうか私たちがこの一週間も、私たちに注がれている神さまの愛を豊かに注ぎ出すことができるように。コロナの時代にふさわしい愛し方ってどういうことなんだろうって、悩みます。しかし、この時代に生かされて、この時代にキリストのものとされて、この時代にキリストの胸の中で、愛のために悩むことができるのは、私たちの特権でもありまた使命であるともそのように思います。以上といたします。

# 新しくするお方

聖書　マルコの福音書2章18～22節

18 さて、ヨハネの弟子たちとパリサイ人たちは、断
食をしていた。そこで、人々はイエスのもとに来て
言った。「ヨハネの弟子たちやパリサイ人の弟子たちは断食をしているのに、なぜあなたの
弟子たちは断食をしないのですか。」19 イエスは彼らに言われた。「花婿に付き添う友人たち
は、花婿が一緒にいる間、断食できるでしょうか。花婿が一緒にいる間は、断食できないの
です。20 しかし、彼らから花婿が取り去られる日が来ます。その日には断食をします。21 だ
れも、真新しい布切れで古い衣に継ぎを当てたりはしません。そんなことをすれば、継ぎ切
れが衣を、新しいものが古いものを引き裂き、破れはもっとひどくなります。22 またたれも、
新しいぶどう酒を古い皮袋に入れたりはしません。そんなことをすれば、ぶどう酒は皮袋を

裂き、ぶどう酒も皮袋もダメになります。新しいぶどう酒は新しい皮袋に入れるものです。」

マルコの福音書を順に読んできて気づかされることは、主イエスが行かれるところ、どこにでも驚きが起こるということです。主イエスが行かれるならば、神の国が到来する。主イエスが行かれるならば、そこに罪の赦しが起こります。主イエスが行かれるところに、赦されて立ち上がる者が起こされます。ですから、それは今までなかったことであり、本当に驚くべきことが、イエスさまが行かれるところに必ず起こる。当時の人びとにとってイエスさまが驚きでありましたように、今の私たちにとっても主イエスは驚きなんです。私たちの中に「今日もどうせ」、あるいは「このようなことは、どうせ」、そのような「どうせ」という思いがあったとしても、主イエスは驚くべきことを見させてくださる、語ってくださる、起こしてくださる。そしてその驚きは、喜びに満ちた驚きであるということ、まず覚えていただきたいと思います。

今日の箇所の驚きについて、18節をお読みします。

「ヨハネの弟子たちやパリサイ人の弟子たちは断食をしているのに、なぜあなたの弟子

たちは断食をしないのですか。」（2・18）

ここに居合わせた人びとは驚いた。イエスさまの弟子たちが断食をしていなかったので驚きました。この頃の人びとは皆、心ある人たちは断食をしていたからですよね。月曜日と木曜日と言われていますが、パリサイ人たちは週に二回断食をしていた。しかし、もともとはそうじゃなかったんです。旧約聖書によるならば断食は年に一回、「贖罪の日」という日に罪の悔い改めの表れとして、断食をしていました。ところがバビロン捕囚の時代に年に一回であった断食が、年に四回に増えたと言われています。偶像礼拝、また弱者を虐げる生き方故に、バビロン捕囚という悲しみがイスラエルに起こったわけです。もっと自分たちが罪を悔い改めなければ神の赦しが得られないと、思ったのでしょう。しかしイエスさまが来られた時代には、週に二回になっていた。週に二回、年間だと百回以上。なんでそんなに断食したのか。それは、このローマの支配が終わるように、神さまがイスラエルの罪を赦してくださって、ローマの支配を終わらせてくださるように、イスラエルが独立することができるように、そういうふうに願って、更なる罪の悔い改めを重ねようとした。そうやって週に二回断食をしているパリサイ人たちにとって、全然断食しないことは考えられない。主イエスとその弟子たちは全然断食しない、神を信じる人びとにとって、こんなことは考えられないと思いました。
バプテスマのヨハネの弟子たちも断食をしていましたが、断食をする意味は違っていたんです。パリサイ人たちの断食は、イエスさまが激しくそのことを責められたように、ともすれば自分たちの正しさを誇るもののために、なりかねなかった。だけどバプテスマのヨハネは違っていた。彼らは、衣の房を長くしていかにも自分は敬虔な人物で、神殿に仕える特別な人物だというようなことを見せようとはしなかった。

ヨハネはらくだの毛の衣を着て、腰に革の腰帯を締め、いなごと野蜜を食べていた。（1・6）

だから彼は町から出て行って、自分を主人公とする生き方から神さまを主人公とする生き方へ全面的に変えた。着ているものも、食べるものも変えた。ヨハネの弟子たちの断食というのはどういうものであったかというのは、よくわかっていないです。あるいはひょっとしたらヨハネのように、このイナゴと野蜜を食べていたのかもしれない。しかしそれがそのようなものであったとしても、週のうち何日かだけ断食をする、そうすれば良いというものではなかった。ヨハネの弟子たちは生き方そのものが、全面的に変わっていく。悔い改めというのは本来そういうものです。方向転換です。自分を主人公とする生き方から、神さまを主人公とする生き方に全面的に方向転換した。そういう新しい生き方のあらわれとして、彼らは彼らなりの断食を行っていました。この意味では、ヨハネの弟子たちの断食は、パリサイ人たちの断食と比べて、本当に福音に沿ったまっとうなものだといえます。

しかし、このヨハネの弟子たちには、わかっていないことが一つありました。それは、イエスさまの新しさ。驚くべき新しさ。イエスさまが来られたことによって、新しいいのちが、新しい生き方がもたらされた。新しい世界がもたらされた。それはどれほど新しいかというと、夜が朝にとって代わられるような、闇が光にとって代わられるようなものです。夜の闇が少し薄くなったというのではないんです。朝が来たら、もはや夜ではない。光が来たら、闇がない。イエスさまが来られる前と後では、世界はもはや同じではない。だからイエスさまはもう来られたんだから、今、この時は断食をしている場合じゃない。そうじゃなくって、光が来られたこと、光である主イエスが来られた時を喜ぶ時なんです。喜んで主イエスの胸の中に飛び込むべき時がもう来ているのに、彼らは断食をしていた。

ですからイエスさまは、19節にあるようにおっしゃった。

「花婿に付き添う友人たちは、花婿が一緒にいる間、断食できるでしょうか。花婿が一緒にいる間は、断食できないのです。」（2・19）

花婿というのはイエスさまのことですよね。主イエスが来られ、花婿が来られ、婚礼が喜びの婚礼がもう始まっているわけです。弟子たちはそこに招かれた人びとなんです。だから、今はその婚礼を心ゆくまで楽しむ時、花婿を喜び、婚礼を楽しみ、互いを喜び、そういう喜びの時なんです。そこにもう彼らは、イエスさまの弟子たちは招かれている。招かれていた。友人たち、花婿に付き添う友人たちとして。イエスさまが花婿ですから、弟子たちは花婿の友人だというわけなんです。ここで思い出すのはアブラハムのことです。神の友といわれたアブラハム。ユダヤ人たちにとってアブラハムというのは足元にも近づけないような、たとえでラザロが死んでアブラハムの懐に抱かれていると言われるような、それぐらいの存在です。ところが今この弟子たち、ガリラヤの漁師や、あるいはレビのような取税人たちが、アブラハムと同じように、神の友、わたしの友、花婿の友人と呼ばれている。でも彼らだけではないです。私たちもまた花婿の友人、婚礼に招かれた花婿の友人。私がそうなんです。あなたがそうなんです。あなたは主イエスの友人なんです。神の友なんです。不思議なことですね。そんなこと言うことができるのは、神さまだけです。あなたは神の友であること、どうか、喜びをもって思い出してください。覚えておいてください、あなたは神の友、大切な神の友であることを。神の心を知る友。友は友の心を知る。あなたは神と共に生きる。そういう人です。あなたは神の願いを、自分の願いとし、神の喜びを自分の喜びとし、神の傷みを自分の傷みとする、そういう神の友であること、本当に不思議な驚きを持って今日も受け取りたいと思います。

今は喜びの時。弟子たちにとっても、私たちにとっても。私たちは主イエスの宴会に招かれて加わっている。信仰とは何かという問いに対しては、いろいろな答え方があると思います。けれども「信仰とは喜ぶことである」ということは、必ず加えなければならないと思います。バプテスマのヨハネの弟子たちのように、主イエスに会っていながら、主イエスを信じていながら、延々と自分の嘆きを続けることがあってはならないです。もちろん私たちは、イエスさまに近づけば近づくほど自分の罪を深く知る。しかし、その罪も含めて私たちはまるごとイエスさまの胸に抱きしめられている。「あなたの罪は赦された。あなたの罪は私が引き受けた。あなたの罪を赦すばかりか、その罪の傷みを、あるいは病を、私が癒やす。あなたが思わず愛なき思いや言葉や行いに駆り立てられる、あなたのその傷をわたしが、わたしが癒やす」、そのように主イエスはおっしゃっています。主イエスは私たちを胸に抱きしめて、もう悩まなくていい、もう苦しまなくていい、ヨハネの弟子たちのように傷み続ける必要はない、パリサイの弟子の人たちのように自分の正しさを証明しようする必要はない、あなたがなすべきことは、ただただわたしを喜ぶこと、主イエスを喜ぶことである、そんなあなたをわたしは喜んでいる、そうおっしゃっているのではないでしょうか。あなたは神の友です。あなたは神さまの喜びなんです。あなたがどんなに「私は本当にどうにもならない」とか、「またこんなことをした」などと言ったところで、あなたはイエスさまの喜びであることに変わりはない。あなたは神の喜び。あなたは神の友。わたしの胸に抱かれていなさい。わたしの胸の中で喜んでいなさい。そういう御声に応えて身を委ねてしまう。それを信仰と呼びます。

しかしここでイエスさまは、気がかりなことをひとつおっしゃいました。

「しかし、彼らから花婿が取り去られる日が来ます。その日には断食をします。」（2・20）

十字架のことですよね。ですから、イエスさまはこの時既に、十字架を見据えておられました。そして生涯、目をそらすことなくご自分がかかるべき十字架、そこへ向かって歩んでいかれる。こういうことを言ったらパリサイ人たちを怒らせる、そういうことであっても恐れずにおっしゃいました。イエスさまは、私たちをご自分の胸に抱きしめ、ご自分を十字架にかけようとするパリサイ人たち、そのような人たちもご自分の胸に抱きしめて、「もうそんなことしなくていいんだ。あなたはわたしの友にしてあげよう。あなたをわたしの喜びにしてあげよう」と、生涯、語り続けられました。十字架を見つめながら、「私はこの十字架を避けることはしない。何故ならあなたがたの罪の赦しと罪の癒やしのための十字架だから。あなたが、あなたがたがこの喜びのいのちを、新しいいのちを、驚きのいのちを受けるために、この十字架を負い、かかろう」とそのようにおっしゃって十字架の道をひたすらに進んで行ってくださいました。あなたのためです。神の友、あなたが神の友となった。あなたが喜び、あなたがその喜びを溢れ出させ、この世界に溢れ出させ、この世界に注ぐために。

主イエスが注いでくださる新しいいのち、それを主イエスは二つのたとえでおっしゃいました。この二つとも意味は同じです。21節には、真新しい布切れで古い衣に継ぎを当てたら、強い方の新しい布切れが引っ張るから、古く弱ってしまった衣は引き裂かれてしまう。新しいいのちにはふさわしい入れ物があるだろうとおっしゃった。また新しいぶどう酒を古い皮袋に入れたら、ぶどう酒は古い皮袋を裂く。新しいぶどう酒はまだ発酵が続いていますので、そこから気体が出てきて増えてきて、膨らむんです。ところが、古い皮袋というのは使い古して伸びきっているので、それ以上伸びきることができない。だからその中で発酵が進むと破れてしまう。中のぶどう酒は地面にこぼれて飲めなくなってしまう。私たちのイエスさまからいただいた、新しいいのち、喜びのいのち、それは生きている。どんどん喜びを増し加えてゆく、そういういのちです。そのいのちを入れるのに相応しい生き方がある。相応しい生き方をしなければ、そのいのちに釣り合わない、その古い生き方は破綻する。パリサイ人の弟子たちのように、自分の正しさを証明しようとする生き方、あなたの方が間違っている、わたしの方が正しい、わたしの方が熱心だ、わたしの方が信仰者だ、そういうことを競い合い、相手と比較して自分が安心するような生き方は、古い皮袋のような生き方です。

またヨハネの弟子たちのように、自分の罪を嘆き続ける生き方というのも、やっぱりこれも古い皮袋なんです。一見信仰深そうに見える。「クリスチャンもそうだよね。罪に敏感で、罪を悔い改めるんだよね」と私たちは言い合う。それはそうなんだけれども、でももう、新しいいのちはわたしたちの内に始まっていて、日々刻々それは成長していて、私たちの傷や病も癒やされ始め、癒やされ続けている。だから私たちはもう、自分の罪を嘆き続けている必要はない。わたしたちには、何の資格もないけれども、言われなくても罪人だけれども、弱さの故に今も罪を犯し続けているけれども、だけどわたしたちは、イエスの胸に抱きしめられている。自分たちの足りなさや、弱さや、罪深さごと主イエスの胸に抱きしめられている。もう新しいぶどう酒が、新しい皮袋の中で、本当に喜び踊っている。新しい生き方は喜びの生き方なんです。新しい皮袋は喜びの皮袋です。主イエスの胸の中で喜ぶ私たちの喜びは、死も困難もコロナも奪うことができない。そのような喜びです。

短くひとこと祈ります。

恵み深い天の父なる神さま、この朝もあなたは私たちを抱きしめ、そして「我が子よ。我が友よ。あなたはわたしの喜びだ。あなたの足りなさも罪もすべて知った上でわたしはあなたを喜び、あなたをさらに強く抱きしめる」とそのように語ってくださることをありがとうございます。どうかこの一週間も、友でいてください。そして、わたしたちのこの新しいいのちのち、喜びのいのち、驚きのいのちが、本当に素晴らしいことをなお生み出し、流れ出すことができるように。尊いイエス・キリストのお名前によってお祈りいたします。アーメン。

# 安息日の主なるお方

聖書　マルコの福音書2章23～28節

23ある安息日に、イエスが麦畑を通っておられた
ときのことである。弟子たちは、道を進みながら穂を摘み始めた。24すると、パリサイ人た
ちがイエスに言った。「ご覧なさい。なぜ彼らは、安息日にしてはならないことをするので
すか。」25イエスは言われた。「ダビデと供の者たちが食べ物がなくて空腹になったとき、ダ
ビデが何をしたか、読んだことがないのですか。26大祭司エブヤタルのころ、どのようにし
て、ダビデが神の家に入り、祭司以外の人が食べてはならない臨在のパンを食べて、一緒に
いた人たちにも与えたか、読んだことがないのですか。」27そして言われた。「安息日は人の
ために設けられたのです。人が安息日のために造られたのではありません。28ですから、人
の子は安息日にも主です。」

今日の箇所に記されている、イエスさまが過ごされた日は、安息日でした。安息日のこの日、麦畑で事件が起こりました。イエスさまのお弟子たちが、お腹が空いたのでそこに生えている麦の穂を、実った穂を摘んで食べ始めた。生麦という火を通していない、生の麦を食べ始めた。当時、みんなそういうことをしていたのかというと、そうじゃないみたいですね。やっぱり生の麦を食べるというのは、美味しいわけではありませんし、普通のことではなかったんです。イエスさまというと、人びとから大酒呑みとか、大飯喰らいとか言われて、なんかしょっちゅう、宴会していたようなイメージがありますけれども、実際にはとても質素に生活して、旅しておられたようです。往々にして食べるものがなかったというようなこともあったようです。ですから弟子たちは、お腹が空いてほかに食べるものがないので、麦畑の穂を摘んで、おそらく手でこう揉んで、殻を落として、そして口に入れて固いのをなめたり、噛んだりしているうちに、ちょっと味がするというような、そういうことで空腹を満たそうとしていた状況です。しかしパリサイ人たちはイエスさまを責めた。

「ご覧なさい。なぜ彼らは、安息日にしてはならないことをするのですか。」(2・24)

安息日というのは休む日だ。だから働いていてはならない。何故あなたの弟子たちは働いたりするのか。彼らの解釈では、安息日に生麦を摘んでちょいと手のひらでこすって、口にいれるというのは労働に値すると考えていたわけです。だから律法に違反している。そういうと、何かわからんちんのような気がいたしますけれども、パリサイ人たちにも同情する余地はある。彼らがこう言うのは、イスラエルがバビロン捕囚に出され、そしてその後も数百年もの間、ペルシャやローマの支配の元にあるのは、私たちのうちに、神の民でありながら律法を守らない人がいるせいだ、何とかイスラエルを回復したいという熱心な余りのことではあったわけです。しかし律法の心とは、どういう心であるのか。律法はこの安息日を守れという、働くことをただ禁止しているのではない。律法は、「あれはしてはいけない。これはしてはいけない」といって、禁止事項の羅列だと考えるのは間違いです。実はキリスト教はそういう、「あれをしちゃいかん、これをしちゃいかん」という面倒な宗教だと思っている人はとても多いと思います。ともするとクリスチャンの中にも「これしちゃダメなんだ。あれしちゃダメなんだ」と、ついつい考えてしまう傾向が、あると思うんです。しかし律法は、そもそも教えという意味です。教えなんです。何を教えるか。神さまと共に歩く歩き方の教え。いつも申しあげることですけれども、まず出エジプトがあって、それからシナイ山に行ったんです。つまり、イスラエルはエジプトで奴隷の生活をしていました。そこで偶像礼拝をしていたわけですけれども、神さまは「そういうことを止めるんだったら救ってあげる」といったんじゃないです。わけもわからないイスラエルを、偶像を持って歩いているようなイスラエルを、その持ち物ごと、偶像ごと海を分けて救い出してくださった。それが出エジプト。その後、シナイ山に行ってそこで初めて「私と共に生きたいならば、偶像を拝むような、つまり神さまという花婿がいるのに、ほかの異性に心を向けるな。そういうことは、私との愛を妨げる」と教えてくださった。だから律法とはただ神さまのあわれみによって、イスラエルがエジプトで叫んだ時に、屈みこむようにして彼らの叫びを聞き取ってくださって、あわれみのあまりじっとしていることができなくて、彼らを救い出してくださった、その神さまを喜びながら、喜び続けるための心得であるということ。このことを覚えておいていただきたいと思うんです。

シナイ山で十戒が与えられましたけれども、その第四戒にはこうあります。

安息日を覚えて、これを聖なるものとせよ。六日間働いて、あなたのすべての仕事をせよ。七日目は、あなたの神、主の安息である。あなたはいかなる仕事もしてはならない。あなたも、あなたの息子や娘も、それにあなたの男奴隷や女奴隷、家畜、またあなたの町囲みの中にいる寄留者も。それは主が六日間で、天と地と海、またそれらの中のすべてのものを造り、七日目に休んだからである。それゆえ、主は安息日を祝福し、これを聖なるものとした。（出エジプト記20・8〜11）

パリサイ人たちはこれを誤解していた。みことばを誤解するということは、神さまを誤解するっていうことですね。この第四の戒め、安息日を守るという戒めを、一切の仕事をしてはならないんだ。とにかくしてはならないんだ。働いてはならないんだ。働いてはならないというと、一歩も歩かないという生活はできないので、何が働くことで、何が働くことではないのかということをきちんと決めておかなければ、うっかりして働いてしまうかもしれない。神さまがそういうことを、こまごま、ちまちまと気にするお方だと、彼らはそう誤解した。細かく何歩以上歩いてはならないとか、そういうことを規定していくわけです。現代でもイスラエルに行くと、安息日には、エレベーターは各階停止になったりしているわけです。何故かというと、ボタンを押さなくていいからです。厳格なユダヤ教徒はエレベーターのボタンを押すことを労働と見なすという、そういう解釈があるわけです。しかしだからといって、旧約聖書の律法が本来そういうことを言っているのではない。神さまは、私たちをなんかこう帳面を付けるようにして「あ、ここが律法違反だ。あ、ここが足りない」というふうに指摘するようなお方じゃないんです。そうじゃなくて、とにかく「喜ぼう」と喜びに向かって私たちを誘ってくださっているお方だと覚えていただきたいと思います。

先ほどお読みしましたこの出エジプト記で引用されている、第四戒に記されている天地創造の記事、単に働いてはならないというだけであるならば、別に創世記1章を引用する必要なんかないわけです。ここに深い意味がある。創世記1章を引用した、ここを用いられた神さまのお心、そこに律法の心があります。鮮やかな律法の心があります。神さまは疲れることはないのです。だから、六日間で世界を造って「ああ、しんどい」と言って、七日目に休んだ。そういうことでは全然ない。そうじゃなくって、六日間の創造が終わった時に神さまはなんとおっしゃったか。

神はご自分が造ったすべてのものを見られた。見よ、それは非常に良かった。夕があり、朝があった。第六日。（創世記1・31）

神さまは、非常に良いと世界を喜んでくださった。ご自分が造られた世界のすべてを喜んでくださった。すべてを喜んだのだけれども、もちろんもっと喜んでくださったのは、私たち人間です。私たちをご自分の形に造ってくださって、ご自分の形に造られた私たちだから、交わることができる。愛し合うことができる。そのことをことの外、喜んでくださった。「非常に良い」といって喜んでくださった。常ならぬ喜び方を持って、喜んでくださった。だから第四戒は禁止事項じゃないです。そうじゃなくって、神さまの愛の呼びかけ、六日間働いたか。じゃあ、それじゃ十分だ。七日目も働かなければならない。来週の分も稼いでおこうと思って、そんな風に心配する必要はない。あなたを養うのはわたしだから。だから七日目は祝いの日としよう。わたしとあなたの、わたしとあなたたちの、祭りの日としよう。互いを喜び合う、そういう日にしよう。大丈夫だ。さぼっていると思って心配しなくて大丈夫だ。先週の働きが足りなかったといって心配する必要はない。わたしが帳尻を合わしてあげよう。とにかく今日は喜びあおう。祭りをしよう。そしたらあなたはまた明日からも働くことができるようになる。この世界を愛することができる。今日は祭りの日。あなたがたがわたしを喜び、わたしがあなたがたを喜ぶ日にしようと言って、招いてくださいました。

実は十戒はもう一箇所、申命記にも出てきます。同じことを何で二回書いてあるのか、そういうふうにも思いますけれども、やっぱり聖書に意味のないことは書いてないので違う意味合いが申命記から読み取れる。神さまが明らかにしてくださっているわけです。申命記の5章によるならば、十戒はこのように、記されてあります。

安息日を守って、これを聖なるものとせよ。あなたの神、主が命じた通りに。六日間働いて、あなたのすべての仕事をせよ。七日目は、あなたの神、主の安息である。あなたはいかなる仕事もしてはならない。あなたも、あなたの息子や娘も、それにあなたの男奴隷や、女奴隷、牛、ろば、いかなる家畜も、また、あなたの町囲みの中にいる寄留者も。（申命記5・12〜14）

ここを読んでいますと、本当に涙が出ます。奴隷も異国人も、牛も馬もろばもみんな、造られたものすべて、すべてで祭りをしよう。祝いをしよう。喜ぼう。そこからだれも漏れる者があってはならない。この喜びから漏れる者があってはならない。そういう招きがあると思います。続きにはこうあります。

そうすれば、あなたの男奴隷や女奴隷が、あなたと同じように休むことができる。あなたは自分がエジプトの地で奴隷であったこと、そしてあなたの神、主が力強い御手と伸ばされた御腕をもって、あなたをそこから導き出したことを覚えていなければならない。それゆえ、あなたの神、主は安息日を守るよう、あなたに命じたのである。

(申命記5・14〜15)

ここでは出エジプトにおける奴隷からの解放が、安息日の根拠だといっています。創世記からじゃないんです。これは、聖書が矛盾しているとかそういうことじゃなくって、両方の意味があるということです。豊かな安息日の意味を神さまがいろんな角度から教えてくださっている。ひとつのことだけ覚えて、もうこれだけ知っておけば大丈夫というクリスチャンはそれ以上成長しない。だけど、さらにこういう意味もあるのか、本当に汲みつくせないほど神さまの愛が豊かだなと、心開いて聞きたいと思うんです。申命記のバージョンでは安息日は、出エジプトにおける奴隷からの解放と言われる。あの日イスラエルを解放して自由にしたのはだれだったか。神さまです。イスラエルが努力したわけじゃない。イスラエルが自分たちで自分を解放したわけじゃない。神さま、主語は神さま。神さまが解き放ってくださった。わたしたちもある意味で奴隷だったし、今もちょくちょく奴隷の状態に陥ってしまう。たとえばいろんな思いわずらいの奴隷になってしまうということもあるでしょう。あるいはわたしたちに弱さがあって、その弱さに罪の力がつけこんできて、私たちを愛なき言葉や思いや、思いに駆り立てるというか、追いやる。そこから私たちは、自分を解き放つことができない。しばしば自分でしたいようにすることができない。愛することができないという、したくないことをさせられているのは奴隷。そういう状態にわたしたちは陥る。自分の思い通りに生きることができない。私たちはもう神の子。神の子が自分の思い通りに生きるっていうことがどういうことか、愛に生きる、愛を与えて生きるっていうこと。そうしたいのに、そうできない。赦し合ったり、覆い合ったりして生きたいのに、心を頑なにしてしまったり、いろんなことにこだわったりして、愛することができない。しかし、神さまが私たちをそこから解き放つ。そのために神さまは安息日を定めてくださいました。

安息日に私たちは立ち止まって、自分がどこから来て、どこに今いるのか。どこへ行くのか。それを確認する。どこから来たのか私たちは。私たちはかつて、罪と力の奴隷でありました。そのような中で、自分でもこんなことしたくないと思うようなことを一生懸命やっていた。競争したり、やられたらやりかえしたり、そういうふうにして生きてきたのかもしれないけれど、それはかつて私たちがいた場所であって、今どこにいるか、神さまの胸の中にいる。そしてかつての奴隷から自由にされていることを喜んでいる。神と人を愛する自由を常に手に入れている。だから神さまの胸の中に留まり続けるならば、これらは、この自由は、私たちのものだということ「ああ、こんなことを言ってしまった」、「こんなことをしてしまった」ということがあるだろう。だけどその時に私はダメなんだと言うことじゃなくって、神さまの胸の中にとどまって、「私の中のまだ癒やされていない部分を、歯を食いしばってほかの人と競ったり、あるいは自分を証明しようとしたり、自分を認めることができず、愛することもできなくなって、ほかの人にも辛く当たってしまうような、そんなところから私を解き放ってください」と、私たちは申し上げることができる。神さまの胸の中で、神さまに抱きしめられて、そして神さまの体温、お心、あわれみの鼓動が私たちに伝わってくる時に、私たちの中で何かが変わり始めるんです。こうして、こうしたら、こうなる。というマニュアルじゃないけれども、私たちの深い所にある、本当にここが、ここが私の愛の源っていうところが癒やされていって、そして私たちは変わってゆくことができる。

ステイホーム、お家にいようと盛んに言われていますけれども、ステイホーム、そうしましょう。全国では、緊急事態宣言が解除されているところもありますけれども、京都、大阪この辺りは、まだ解除されていません。ステイホームと共にステイゴッドです。ステイゴッド＝神さまの胸の中にいよう。本当の安息って何だろう。安息日って、日曜日に働かないことか。日曜日ボーっとしていることか。そうじゃないです。神さまの胸の中で、神さまに抱きしめられて、神さまを喜ぶことが、本当の安息です。

さて、パリサイ人たちがこのように弟子たちを非難いたしました。その時イエスさまは、ダビデがとった行動によって答えてくださいました。

「大祭司エブヤタルのころ、どのようにして、ダビデが神の家に入り、祭司以外の人が食べてはならない臨在のパンを食べて、一緒にいた人たちにも与えたか、読んだことがないのですか。」（2・26）

これはダビデが王になる前の話しです。サウルから命を狙われて、逃げ回っていた。その時彼らは、祭司以外の者が食べてはならないと、律法にきちんと書かれているパンを食べた。そのパンを祭司が与えたわけですけれども、神さまはそのことを咎めなかった。お許しになった。神さまのお心ってなんなのかなあと思うんです。何かをやれというのは神さまのお心じゃないです。それは決まりであって、いろいろ状況が変わる時に頑なに規則を守り続けるということが神さまのお心に沿うことではない。心は生きている。神さまも生きている。だからいろいろな時に神さまのお心は動くというか、あわれみによって揺さぶられる。普通の時に、聖なるものを大切にしないで、なんか土足で神殿に行って、むしゃむしゃ、手づかみにして食べるっていうことであるならば、それは神さまが悲しまれることであろうと思う。しかし、その目的はなんなのか。神さまを大切にする、愛することがすべての律法の、すべての戒めの目的です。律法はパンを食べちゃいかんとか、食べてしまったとか、そういうことじゃない。この規則を破ったら叱られるとか、どんなことがあっても破ったら怒られるとか、そういう神さまのお心がわからないような言い方をするのがクリスチャンじゃないです。なぜなら、クリスチャンは神の子だからです。子は、親の心を知るんです。親が何でそんなことを定めているのか、禁じているのか、それを知るわけです。そうすれば応用動作っていうことができる。平時においては、神さまのパンを食べないのが神さまを大切にすることだ。けれどもこの非常事態においては、神さまの目的、神さまのお心は、違うふうにあらわれた。心は一緒だけれども、あらわれ方が違うわけです。神さまはダビデを通して、世界を祝福することをお心とされていた。望んでおられた。だから、非常事態に生命を生きながらえさせるために、神さまのお心を大切にするために、神さまの目的を実現していくために、ダビデとダビデの部下たちがこのパンを食べることはなんの問題もなかった。だからイエスさまはこのようにおっしゃった。

「安息日は人のために設けられたのです。人が安息日のために造られたのではありません。」（2・27）

規則のために人がいるんじゃない。そうじゃなくって、人が神と共に働いてこの世界を回復していくために、この世界にいのちを溢れさせるために、すべてのルールはあるんだ、そうおっしゃいました。パリサイ人たちは、目に見える規則をごちゃごちゃ言って、それで神さまを大切にした気になっていた。神さまを本当に大切にすることはそうじゃない。そのことを、あなた方にも知っていて欲しいと招いておられるわけです。神さまを本当に大切にする。そのことで、まず思い浮かぶのは、やっぱり礼拝するということです。神さまとお交わりをする。神さまの言葉を聞き、神さまに祈り、神さまに賛美をささげることだろうと思うんです。

今世界の教会はどこの国でも、コロナ時代の礼拝の在り方について戸惑い、語り合い、試行錯誤しています。先週五月十日、カトリック東京大司教区の菊池功大司教の説教は、私にとってとても衝撃的でした。第一コリントの10章16節から語っておられましたけれど、聖書協会共同訳聖書では「私たちが祝福する祝福の杯は、キリストの血との交わりではありませんか」とあります。驚いたことはその次です。「霊的聖体拝領」と語られた。霊的聖体拝領っていうのは、実物の聖餐を用いない聖体拝領、つまり聖餐式です。「霊的聖体拝領は、個人の信心ではなく、共同体の交わりだ」。ライブ礼拝か何かで、司祭がだれもいないところで聖餐を行う。みんなはそれを画面の向こうで観ている。でもそれは教会というキリストの共同体がそこに、みんな与っているんだ。ですから何が驚きかというと、カトリックといいますと、とにかく実物を伴わない聖餐というものに対して非常に厳しく、今まで「これが大切なんだ。この目に見えるこれがキリストの血であり、パンがキリストの体なんだ」ということをずっと大切にしてきた、そういう伝統にある教会という印象があるわけです。しかし、菊池大司教は実物を伴わない霊的聖体拝領にみんなそこに、そこにいない人も、画面の向こうにいる人も共同体として与っている、ここにキリストの体である教会のいのちがあるんだ、と大胆に語ったわけです。

一方、東京神学大学の芳賀力学長は、「集まることができない今のこの状況というのは、しょうがないんだけれども、しかしこれは非常時のものであって、これが当たり前だと思ってはならない。この使徒の働きに何度も繰り返される『ひとつになって集まって』という言葉がありますが、ひとつになって本当に集まることは教会の本質だから」ということを述べています。だからといってどうしても集まれっていう、そういうことを言っているんじゃない。そうじゃないけれども、でも「これが当たり前にならないように本当はひとつになって集まるのが礼拝だということを忘れるな」ということを言っています。なるほどと思います。ほかにもいろいろな試みがなされていて、いろいろな意見があります。大切なことは、どの意見が正しいとか、ほかのどれが間違っているとか、そういうことを議論するのに血道をあげることではないと思うんです。結局私たちには、何が正しいのか、何が間違っているのかわからない。聖書を調べていても、このような非常事態に聖餐をどうするかと書いてないです。人間のいろんな知恵はあっても、そして実際にこういう礼拝がその後に教会にどういう影響を及ぼしていくかっていうことも百年経たなければわからないと思うんです。だけど私たちはそんなことで、あんまり悩む必要がない。何故なら、安息日を安息日にしてくださるのはイエスさまだからです。このお方のもと、今できる最善を尽くせばいいんです。間違っているかもしれない。自分の意見と違うかもしれない、なんか変に思うかもしれない。私も変に思っています。非常に奇妙です。私の前に、妻しかいない。奇妙な感じに囚われている。でもそれと共に、この画面の向こうにいるみなさんのことを、私はやっぱりそのことを感じている。一緒に礼拝を守っている。何故なら、こうやっていろいろ配信の道具があって、照明を調整して、だから一緒に守っている。そうじゃないです。この礼拝を、このYouTubeライブ礼拝を、この安息日を安息日としてくださっているのはイエスさまだから。だから最善を尽くして、神さまを喜んだり、安息の祭りを祝ったりすればいい。神さまの胸の中で。変だけど、今は非常事態で変だけど、でもその変な礼拝の中でも神さまを喜んだらいい。安息日の主が、この礼拝を祝福してくださっています。

最後になりますが、当時のユダヤの安息日（今日も同じ）は、金曜日の日没から土曜日の日没まで、いわゆる土曜安息といわれるものでありました。しかしキリスト教会は今こうして、主の日といわれる日曜日に礼拝をささげています。なぜか。それはイエスさまが金曜日に十字架にかけられ、そして日曜日の早朝よみがえってくださったから。だから今は、主イエスのよみがえりの日を持って、安息の日としています。よみがえりを喜ぶ。私たちの安息の根拠はどこにあるのか。なぜ、コロナの中でも安らぐことができるのか。こんな自分にも関わらず、安らぐことができるのか。それはイエスさまの十字架と復活にその根拠がありま す。だから安息することができる。罪があっても、弱さがあっても。こうしてコロナの中にあっても、不安の中にあっても死を蹴り破って、この世に躍り出てくださった、主イエスのいのちが私たちに注がれています。今日も主イエスの胸の中で、主イエスに和らぎ、心おきなく隣人と世界を愛する、そのような私たちを、互いを喜びたいと思います。

短くひとことお祈りいたします。

恵み深い父なる天の神さま、この朝もあなたが安息の主として、安息日の主として、私たちのひとりひとりに語りかけてくださいました。あなたを喜びます、今日を祭りの日としま す。あなたを喜び、互いに愛する、この喜びの祭りの日を祝福なしたまえ。尊いイエスさまのお名前によってお祈りいたします。アーメン。

# いのちを救うお方

聖書　マルコの福音書3章1～6節

1 イエスは再び会堂に入られた。そこに片手の
萎えた人がいた。2 人々は、イエスがこの人を
安息日に治すかどうか、じっと見ていた。イエスを訴えるためであった。3 イエスは、片手
の萎えたその人に言われた。「真ん中に立ちなさい。」4 それから彼らに言われた。「安息日
に律法にかなっているのは、善を行うことですか、それとも悪を行うことですか。いのちを
救うことですか、それとも殺すことですか。」彼らは黙っていた。5 イエスは怒って彼らを
見回し、その心の頑なさを嘆き悲しみながら、その人に「手を伸ばしなさい」と言われた。
彼が手を伸ばすと、手は元どおりになった。6 パリサイ人たちは出て行ってすぐに、ヘロデ
党の者たちと一緒に、どうやってイエスを殺そうかと相談し始めた。

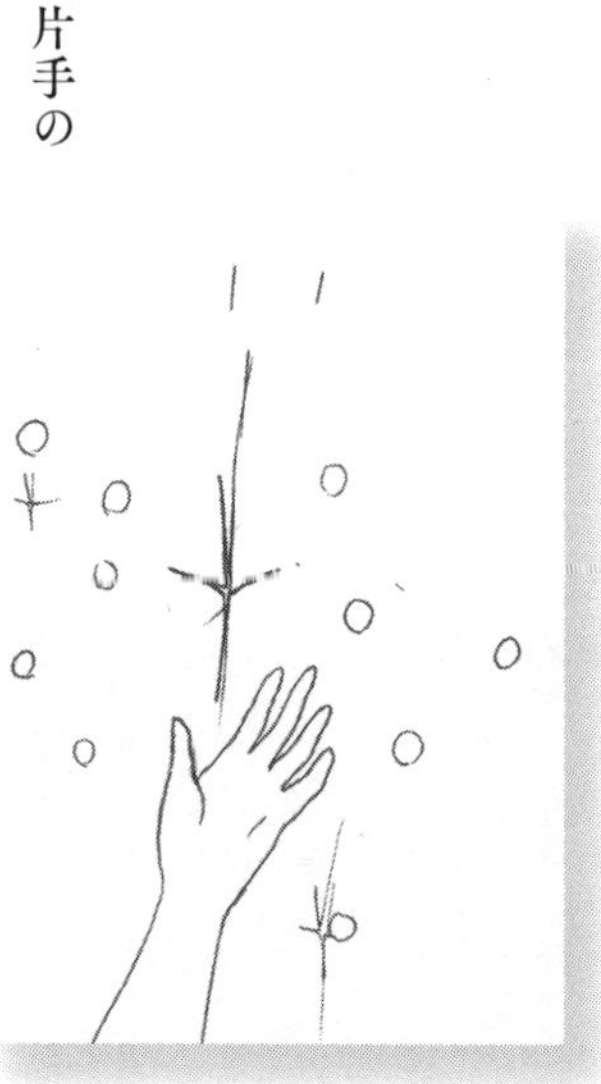

先週は主が安息日の主であるというところを見ましたけれども、今日の箇所も安息日。こうした安息日の記事が続くことは、偶然ではありません。ユダヤ人は当時、安息日に会堂に集まって、神さまを礼拝いたしました。そしてその場で聖書は読まれ、その説き明かしが聞かれました。ですからイエスさまがお語りになるのに、安息日の礼拝は相応しい時と所でございました。けれども礼拝にいた人びとの一部は、悪意をもってイエスを迎え入れていました。

人々は、イエスがこの人を安息日に治すかどうか、じっと見ていた。イエスを訴えるためであった。（３・２）

当時の律法学者たちの教えによるならば、安息日には許されている医療行為と許されていない医療行為がありました。安息日に許されるのは、命の危険がある場合だけです。今手当しなかったら、死んでしまうっていう場合だけ、安息日に治療しても良い。そうじゃない場合は、安息日が終わるのを待ってから治療する。この日イエスの前にいたこの人は、片手の萎《な》えた人です。以前からずっと片手が動かなくなっている人です。ですから、重大な障がいではあるんだけれども、今すぐ治さなければ死んでしまうかというと、そういうわけではなかった。明日まで待てる治療を安息日に行うことは、律法で禁じられているとされていました。とされていいましたと言うのは、いつもお語りしているように、本来、律法は神さまのお心だからです。細々したことを、これをしちゃいかん、あれをしちゃいかん、こういうふうにしなければというような、そういうことを神さまはおっしゃりたいのではない。神さまと共に歩く心、それを言っている。しかし当時誤解があった。ひょっとしたら私たちクリスチャンの中にも、「こうしなければならないのではないか」、「こうしなかったからダメなんじゃないか」と、そういう誤解が入り込んでいるかもしれません。

さて悪意の真ん中で、3節にあるようにイエスさまはこの片手の萎えた人に「真ん中に立ちなさい」とおっしゃいました。真ん中に立たせるのは、実はこの時ばかりではないんです。主イエスが癒やされるときに、あるいは人びとに救いのみわざを与えられる時に、多くの場合それは人びとの真ん中で行われる。イエスさまの救いはだれも知らないところで、自分と神さまとの間でこっそり心の中で起こることではないからです。時に牧師は「だれもいない時に先生と二人きりで洗礼を授けて欲しい。私はイエスさまを信じました。洗礼を受けたいと思うのだけれども、いろいろあるので、二人きりで、だれもいないところで洗礼をこっそり授けてくださいませんか。そして、そのことを当分内密にしておいて欲しいのですが」と言われることがあります。いろいろな事情があるでしょう。だから一概にそれがダメとか言うのではなく、判断を必要とすることもあるとは思うのです。けれども、こっそりとだれも知らないところで密かに洗礼を受ける、クリスチャンになることが福音にはそぐわないということは、はっきりしていると思います。主イエスはマルコの福音書1章にありますように、その宣教の初めに「時が満ち、神の国が近づいた。悔い改めて福音を信じなさい」とおっしゃった。「時が満ち、神の国が近づいた」というのは、この世界の歴史の中に、現実に未だかつて起こったことのない出来事が起こったということです。そのようにイエスさまはおっしゃいました。本当に起こった。本当に神が人となって、この世界に来てくださった。そして私たちを解き放つという、そういう出来事が始まった。私たちの心の中にイエス・キリストが住んでくださる、それはそうなんだけれども、救いは私たちの心の中でひっそりと小さな花を咲かせるようなことではないです。この世界に本当に、現実に起こっていること、そういう出来事に私たちは参加している。ただ心に平安や安らぎやそういうものを与えるだけだと思わないでください。キリストの福音はただ私たちに、物に動じない心を与えるんじゃない。そうじゃなくって、本当にこの世界を変えていく、この世界を変え、私を変えていく。私が変わっていく。世界が変わっていく。それが福音です。ですから、イエスさまは「真ん中に立ちなさい」と言われた時に、こうおっしゃっているんです。「今、ここで歴史の中で現実に起こっている救いの中へ、さあ飛び込みなさい。隅っこにいるんじゃなくって、人びとの真ん中へ出てきて、そして私の群れの中に今飛び込め」そういうように腕を広げるようにして招いてくださった。「真ん中に立ちなさい。今あなたもこの歴史のただ中に起こっている出来事の中に、起こっていることの中に加わっているのだ」、そうおっしゃいました。片手の萎えた人だけが招かれているのではありませんでした。そこにいたすべての人が招かれていた。すべての人びとが招かれておりました。

だからイエスさまは、このようにおっしゃいます。

「安息日に律法にかなっているのは、善を行うことですか、それとも悪を行うことですか。いのちを救うことですか、それとも殺すことですか。」（3・4）

ここはしかし、よく誤解されるところです。ここを読んで、「ああ、規則、規則といって人を助けないことは悪を行うことなんだなあ。大切なのは規則じゃなくって、規則なんて破ってもいいから、愛のわざに励むことが大切なんだなあ」って、そういうふうに私たちは考えることが多いと思います。でもそれは、全くの誤解です。それならイエスさまは単なる人道主義者になってしまう。そうじゃないんです。イエスさまは安息日の主なんです。主ってことは、神さまということです。私たちに本当の安息を与えてくださるお方。病《やまい》や障がいが治ることが本当の安息なのか。それだったら人間の医者でも、医学の進んだ今であれば大抵の病気は治すかもしれません。だけど、そうじゃなくて、病や障がいの癒やしだけではない、イエスさまが与える本当の安息とは、私たちを神さまから切り離す、そして互いを互いから切り離す罪や死の力を打ち砕いて、そして私たちを胸に抱きしめて、離さないでいてくださる。病や障がいだけではない。生き方を癒やしてくださる。心を、喜べない心を癒やしてくださる。それが主イエス・キリストが与えてくださる本当の安息です。

ところが、4節の終わりのところにこうあります。

> 彼らは黙っていた。（3・4）

主イエスの招きを拒絶したんです。主イエスのいのちを与えるところの招きを拒絶することが、人にはできる。これに対して主イエスは怒った。

イエスは怒って彼らを見回し、その心の頑なさを嘆き悲しみながら（3・5）

だけど、ただ腹を立てたということじゃないです。そうじゃなくって悲しむ。その心の頑なさを嘆き悲しんだ、嘆き悲しんだのです。「なんてことだろう。どうしてこうなんだろう」と悲しかったんです。主イエスにおいて、そして神さまにおいて怒りと悲しみは一つであるということを覚えておいていただきたいと思うんです。黙っていただけで、イエスさまは怒るのかと、怖いな、短気だなと思うかもしれません。そうではないです。主イエスの招きを拒絶して暗闇に留まり続けようとする、人びとの頑なさを本当に悲しんだ。地団太を踏むようにして、痛まれた。人びとが今、回復していただくことができるのに、そこに招かているのに、招きに応えようとしないのに、もういてもたってもいられない、そういう思いをなさった。主イエスにおいて、悲しみと怒りはひとつのことなんです。イエスさまは、そこでその人に「手を伸ばしなさい」と言われました。片手の萎えた人に「手を伸ばしなさい」と言うことは、考えてみたらあまり理屈に合っていないと思います。順序を踏むならば、まず癒やして、「あなた、癒やしたから手を伸ばしなさい」、そして、「手を癒やしただろう。手が伸びるだろう。だから信じなさい」と言うのが順番ではないかと思うわけです。でも、主イエスはただこの人の手が伸びればそれでいいと、そうじゃなかったんです。主イエスが与えたのは片手の癒やしだけではない。片手の癒やしと共に信仰を与えた。だからこの人は動かないとわかっているのに、動かそうとしたんです。何故なら、主イエスがそういう信仰を与えた。イエスさまはこの人に信仰と癒やしを同時に与えてくださった。私たちは自分で信仰を作り出すことはできないです。だから「私は信仰が少ないんです。私はまだ自分の信仰を鍛えないといけません」、そういう言い方は間違っている。イエスさまはいつも私たちに信仰を差し出してくださっている。「さあ受け取れ。さあ信じなさい」とおっしゃってくださっているので、その時信じたら、それでいい。今も「信じなさい。手を伸ばしなさい。私に向かって手を伸ばし、私の招きに応じなさい」、そういうふうに招いておられるから、今手を伸ばせばそれでよいことです。私たちは自分で信仰を造り出すことができない。だから「私の信仰はダメなんです」とか言ったり、自分のせいでもないことで自分を卑下したり、自分を責めたりするのは完全に間違っています。実は主イエスがこの時、手を伸ばしなさいと命じておられたのは、この人だけではないんです。片手が萎えているのはこの人だけだったかもしれないけれども、イエスさまに向かって手を伸ばしていないという意味ではそこにいた全員がそうだったんです。だからそこにいた人びと全員にイエスさまは、「あなたがたもみんな手を伸ばしなさい。心を頑なにしないで、そんなふうに黙っていないで、あなたの心が癒やされることを願いなさい」と命じられる。この人が萎えた手を伸ばそうとしたように、あなた方に命じる。「あなたがたの心の手を、私に向かって伸ばしなさい」、そういうふうに語りかけてくださいました。そしてこの招きは、いまこの礼拝に連なっている私たち全員に対しても向けられている。「手を伸ばしなさい。あなたはわたしを求めるか。あなたはわたしの胸の中で生きたいと願うか。今までもそうしてきただろう。さらにわたしの胸の中で生きたいと願うか。だったら手を伸ばしなさい」と招かれている。それに対して、「いいえ、私にはとてもそんなことはできません。私には信仰がないから」と言うのでしょうか。「いや、私に向かって手を伸ばしなさい」と神であるお方がおっしゃっています。この人の手は癒やされました。主イエスが心と体に回復を与え、ご自身の胸に抱きしめてくださった。ところがですね、パリサイ人たちは黙っていただけじゃない。

パリサイ人たちは出て行ってすぐに、ヘロデ党の者たちと一緒に、どうやってイエスを

殺そうかと相談し始めた。（3・6）

イエスを殺そうという相談を始めた。安息日の主であるイエスが、ただ安息日にご自分の民を抱きしめただけです。その心をご自身に向けさせただけで。それが許せなかった。許せないだけでなく、この男を必ず殺さなければならないという決意を固くした。とても宗教的な人びとです。安息日を遵守し、礼拝をささげ、献金をささげ、とても宗教的なのに。でもまったく神さまが分からなくなってしまっている悲劇的な人間の姿がここにあります。宗教的であるということと、神さまの胸の中で生きるというのは似ているようで違っているところがあると思います。神さまそのものご自身によって生きるというのは、神さまの胸の中で生きるということ。だけど、そうじゃない何かの手段によって、「自分はこれで良いのだ」、あるいは「これをやっていないからダメなんだ」と、そういうふうに思おうとするならば、それは宗教であって、神の胸に生きることではないです。

神さまの胸の中に生きるというのは、たとえどんな自分の状態であろうが、あなたがどんな方であろうが、何をした人であろうが、この礼拝が始まるまで何をして来た人であろうが、今手を伸ばせといわれて、手を伸ばす。それが神の胸の中に生きる人です。それなのに主イエスを殺そうとする、この悲劇的な人間の姿、しかしイエスさまはこれらの人びとのためにも、十字架への道を歩んでいかれます。「こういう人びとがいたのにもかかわらず」と言うよりは、「いや、こういう人びとがいた。だからこそ、むしろだからこそ、十字架に」と言うべきでしょう。心が頑なでイエスさまの胸に飛び込むことができない。むしろ反対にイエスさまを殺してしまおうとする、そういう人びとのためにこそ、イエスさまは十字架へ続く歩みを、道を歩み続けてくださった。彼らが、そして私たちが、手を伸ばせといわれてイエスさまに手を伸ばすことを妨げるすべての力を、罪と死の力を打ち砕くために、そうやって私たちを頑なさから、重いくびきから解き放って、そして変えてくださるために、神さまに抱かれていることを喜ぶ者に、ほかの人びとと抱き合うことを喜ぶ者に変えるために、イエスさまは手を伸ばしなさいと命じられる。しかしただ命じておいて、後は手を伸ばすかどうかはあなたの責任だと、おっしゃるお方じゃないんです。私たちにはそうできないから、だから手を伸ばせとおっしゃり、手を伸ばすことができるようにしてくださるお方が今日も私たちの、ど真ん中に立ってくださっていて、招いてくださっている。

いよいよ礼拝の再開が近づいています。京都、大阪の緊急事態宣言が解除されました。仲間と会える、そういう喜びの日が近づいています。けれども私たち以上に、私たちが共にささげる礼拝を待ち望まれるお方がおられる。だれよりも待っておられるのは、十字架にかかり、主の日に復活してくださったイエスさまです。このことがまた私たちの大きな喜びであることを忘れることがございませんように。

短くひとこと祈ります。

恵み深い天の父なる神さま、イエスさまが「手を伸ばしなさい」とおっしゃって、ご自分のいのちを与えて仰ってくださった、そのお言葉をこの朝も受け賜りました。手を伸ばします。手を伸ばして、あなたの胸の中に安らぎます。どうか、私を「ダメだ、ダメだ」と責め立てるすべての声から解き放ち、そしてあなたの胸の中に安らぎ、そこからその安らぎを人びとに語ることができるように。尊いイエス・キリストのお名前によってお祈りいたします。

アーメン。

# 私たちに出会ってくださるお方

聖書　マルコの福音書3章7～12節

[7]それから、イエスは弟子たちとともに湖の方に退か
れた。すると、ガリラヤから出て来た非常に大勢の人々
がついて来た。また、ユダヤから、[8]エルサレムから、
イドマヤから、ヨルダンの川向こうや、ツロ、シドン
のあたりからも、非常に大勢の人々が、イエスが行っておられることを聞いて、みもとに
やって来た。[9]イエスは、群衆が押し寄せて来ないように、ご自分のために小舟を用意して
おくよう、弟子たちに言われた。[10]イエスが多くの人を癒やされたので、病気に悩む人たち
がみな、イエスにさわろうとして、みもとに押し寄せて来たのである。[11]汚れた霊どもは、
イエスを見るたびに御前にひれ伏して「あなたは神の子です」と叫んだ。[12]イエスはご自分

のことを知らせないよう、彼らを厳しく戒められた。

主イエスを殺そうとするパリサイ人たちの相談が、なんと、安息日に始まった。神を礼拝する安息日なのに、その時に始まった。そのようなとても心痛むようなところを先週見ました。そういった様子を見聞きされたイエスさまは、退却なさいました。

それから、イエスは弟子たちとともに湖の方に退かれた。（3・7）

もちろん、イエスさまは人びとの悪意また陰謀、怒り、そういったものがご自身を十字架に追いやることはよくご存じで、十字架そのものを避けるということは、なさいません。しかし、今はその時ではない。今語るべき言葉があり、なすべきみわざがあった。だから一時的にイエスさまは退きました。

ところが、イエスさまが立ち去っても、人びとは放っておかなかったんです。

すると、ガリラヤから出て来た非常に大勢の人々がついて来た。（3・7）

ガリラヤというのは、その時イエスさまがおられたガリラヤ湖の周りの辺りですけれども、ガリラヤだけでなく、ユダヤとその周辺の全土から、非常に大勢の人びとがみもとにやってきたと、続く8節にはあります。何故彼らは来たのか。

イエスが多くの人を癒やされたので、病気に悩む人たちがみな、イエスにさわろうとして、みもとに押し寄せて来たのである。（3・10）

病気を治してもらいたかった。イエスさまがあちこちで病を癒やされているということを聞いて、私も、あるいは私の家族も癒やしていただきたいと思ってやってきたわけです。どれぐらいたくさん来たかというと、小舟を用意するようにと言われた。岸にいたら押しつぶされてしまう、それぐらいの人が詰めかけたので、イエスさまは小舟を用意して、そしてそこから岸に向かって語りかける。そういう必要があるほどに多くの人びとが詰めかけて参りました。押し寄せてきた人びとが求めていたのは、ただ病が癒やされることでした。しかしイエスさまにはもちろん、いつものようにもっと深い望みがおありになった。それは、身体だけではない、心もたましいも癒やすことを望んでおられた。病は治ってもまたすべての人が死ななければならない。しかしイエスさまは病に苦しむ人をあわれまれるんだけれども、同時にイエスさまが与えてくださるのは、罪の赦し、心の癒やし、神さまの御胸に抱きしめられること。御胸の中で癒やされながら、癒やし合いながら生きること、これがイエスさまの深いところにある願いです。ですから人びとがイエスさまの体に触ったらそれで病は治るのかもしれないけれども、それでは、本当にイエスさまが願っておられる、ご自分との人格的な交わり、そしてそこから生じるたましいの癒やし、救いというのは生じないですから、ご自分を触らせなかった。そして小船に乗った。そこからみことばを語り続けられた。病の癒やしを求めているのにみことばを与えることに、病を抱える当事者は「どうしてでしょうか」と思うかもしれない。でもこのみことばには永遠のいのちがある。終わることのない、神さまとの関係に導き入れる。たとえ体が治ったとしても、神さまとの関係の中に、神さまの胸の中に生きることができなかったら、それが何になるだろうかと。イエスは本当に大切なことを多くの群衆に向かって語り続けられました。みことばによって人びとを救う。みことばは本当に大切です。しかし、みことばに魔術のような力があると、そう勘違いをしてはならないと思うのです。相手がどんな状態でも、自分が覚えているみことばを言えばそれでいいんだということではないです。みことばによっては、用い方によっては「どうしてそんなみことばを言われなければならないんだろう」と人を傷つけてしまうこともあります。聖句の暗唱というのは、とても大切です。本当に力になっていきます。でもそれもたくさん覚えたら何か効果がある、良いことがあるというものではない。どうしてわたしたちはみことばを暗唱するのか。それは神さまがお語りくださる口調、愛の言葉遣い、愛の思いに馴染むため。そしてまるで寒がっている子どもを、母親が抱きしめるように、動物でも、人間でもそういうことをいたしますけれども、神さまの体温にじっくりと温められながら、神さまの体温を覚えて、神さまってこういうお方なんだ、神さまってこういうふうに喜び、こういうふうに悲しみ、こういうふうに愛し続けるお方なんだということを聞き続けるためです。その感覚を自分のものにしていく。神さまの胸の中で、神さまの鼓動を、あわれみのために高鳴る鼓動を、悲しみの時に本当に早鐘のように鳴る、私たちが罪を犯す時に早鐘のような鼓動がするんじゃないかと思いますけれども、そういうことを聞き取ることができるように、みことばの暗唱というのをするのです。主イエスのみことばには本当に力がある。本当に神さまがいかなるお方であるかということを、私たちに知らせ、そして私たちを、罪の中から、死の中から、自分なんてダメだという卑下した思いから、解き放って、喜ぶことができる者にしてくださる、そういう力がイエスさまのみことばにはあります。
前にもご紹介しましたが、ケセン語訳聖書というのがございましたけれども、ヨハネの福音書1章1節、2節と10節を新改訳聖書2017と比較しながら見ていきたいと思います。

新改訳聖書2017　ヨハネの福音書1章

1 初めにことばがあった。ことばは神とともにあった。ことばは神であった。
2 この方は、初めに神とともにおられた。
10 この方はもとから世におられ、世はこの方によって造られたのに、世はこの方を知らなかった。

「初めにことばがあった」というこの「ことば」は、イエスさまのことです。だから、神のことばっていう時に、そのことばは単に口先だけの言葉ではなくて、イエスさまがまさにそうであるように、人格を持って私たちの存在そのものに語りかける。神のことばは機械的に正しいとか、機械的に役に立つとか、そういうことじゃない。そうじゃなくて、私たちに本当に語りかけて、働きかけて、私たちの深いところに届いて、そこを変えていく。それが、神のことばです。ですから、主イエスさまの存在そのものが、私たちの存在の深いところに語りかけることばなんです。ことば、愛のことば、私たちの心を溶かし、解き放ち、愛に満たし、愛を注ぎださせる、イエスさまはそういったことばです。そんなイエスさまがお語りになるみことばも、もちろんそのような、私たちの存在に迫る人格を持ったことばなんです。
次にケセン語訳です。

ケセン語訳　ヨハネの福音書1章
1 初めに在ったのァ、神さまの思いだった。思いが神さまの胸に在った。その思いご
そァ神さまそのもの。
2 初めの初めに神さまの、胸の内に在ったもの。
10 神さまの、思いが凝《こご》って人どなり、この人の世に在りやった。人の世ァ神さまの、思
いによってなったのに、この世ァそれェ認識《わが》んながった。

大変に大胆な訳だと思います。新改訳聖書が「ことば」と訳している単語を、すべて「神の思い」と訳している。正確ではない部分があるかもしれないけれども、この訳は本質を掴

んでいると私は思います。「神さまの、思いが凝って人どなり」という10節が特に名訳だと思います。なぜ、みことばには力があるのか。どうしてイエスさまのみことばには力があるのか。それは、私たちを愛する神さまの思いが凝《こご》っているからです。凝るっていうのは煮凝《にこご》りというのがありますけれども、凝縮する、固まる、ぎゅっと固まるということ。神さまの思いが、神さまの思いが募って、募って、詰まって、詰まって、神さまの思いを、ぎゅっとコンパクトに縮めたらそれが、イエスさま。神さまの思いは、もちろんそれは愛の思いです。だから主イエスには力がある。神さまの思いが、神さまのありったけの思いが、私たちへの神さまのあわれみが、私たちにどんなことでもしてやりたいと思わせる思いが、凝ってイエスさまになって、そのイエスさまの口から、凝った愛の思い、凝ったことばが発せられる。神さまの思いって、どんな思いか。私たちを愛するあまり人となってくださった、そういう思い。神が人となり、人となった神は十字架にかけられた、そういう思い。イエスさまは十字架にかけられても、あなたがたのために何も惜しいと思わない。そしてそれだけではない。あなたと離れて、私と離れていることが、耐えることができないので、復活して、私たちにも新しいいのちを与えてくださる、そんな思いが凝《こご》って、みことばをイエスさまは語られる。イエスさまは、みことばそのもののお方であります。イエスさまは、今も私たちにみことばを語ってくださっている。聖書を私たちが読むとき、また何よりも礼拝を通してイエスさまは、私たちにことばを語っておられます。主イエスは今も私たちにみことばを語っておられる。聖書を読む時に私たちは、そのみ思いを知ることができる。そして何よりも、礼拝を通して主イエスが私たちにみ思いを語っておられます。だから、コロナの中でもみことばを聞くことをやめてしまってはならない。教会に行けないからと言って、礼拝をやめてしまってはならない。みことばを聞き続ける。みなさんの仲間の中に、みことばを聞くことができない人がいるでしょうか。YouTube 礼拝ができない。YouTube 礼拝ができなければ、CDをお配りしますとか、CDがあるよっていうふうに教えてあげてください。この人大丈夫かなぁと思ったら、私も電話をしたり、手紙を出したりしますけれども、みなさんも「あなた、みことばを聞いていますか」、「イエスさまのみことばを聞いていますか」といってお尋ねくださって、そしてCDも聞き方がわからないとそういう方がおられたら、また私の方からご連絡しますから、どうかそういう方がおられましたら、知らせてください。みことばを聞き続けなければならない。神さまの思いが凝《こご》ったみことばを聞いて、私たちのいのちを常に新しくし続けていただく必要があります。もちろん礼拝に集う日が一日も早く来ることを待っています。全国の緊急事態宣言がひとまず解除された。私もみなさんと同じで一刻も早く、みんなで集まる礼拝を早く、とはやる気持ちもあるんです。しかし一方で、着地する時こそ慎重にしなければならない、とも思うのです。今、役員会でいろいろと思いを巡らして、準備をしていくところでございますので、もうしばらくその結果をお待ちください。

知り合いのカウンセラーの方が、コロナでなくてもそうなのだけれども、コロナのこの時も覚えておくと良いと教えてくださったことがあります。それは、三つのPではない。三つのPはない。というのです。三つのPというのは、怒りなどネガティブな否定的な感情を増幅させてしまう考え方のことをいうのだそうです。良くない方が三つあるのです。一番目のPは“Parsonalizetion”自責化。なんでも自分のせいにする。今これがこうなのは、これがこうなったのは、うちがこうなのは、教会がこうなのは、私のせいだ。このPは良くないPです。自分のせいにしてしまう。何でも自分のせいにしてしまう。二番目のPは“Perversiviness”普遍化です。ある出来事がすべての出来事に影響すると考える。今日こういうことがあったから、今こういうことになっちゃったから、私がやることはすべてが上手くいかない。あるいは、自分の目の前にいる人が何かして、失敗した時に、この人いつもこうやるんだ。だからいつもこうやって全部失敗するんだ。あるひとつの出来事が、すべての出来事に影響すると考える。これは、全然合理的ではない。すべての出来事は繋がっているわけではないです。

しかし人は特にストレスの中にあったり、弱気になったりする時に、ああ、これはダメだったと、あれもこれも、これもあれも全部ダメに違いないというふうに考えてしまうことはよくあると思います。三番目は“Permanence”永続化。この状態がずっと続くと考えて、自分が今、孤独の中に今ある。自分は今、辛い状況の中にある。今、不測の状態の中にある。これはいつまでも続くことに違いない。だから、三つのPじゃない。三つのPを覚えないでください。その逆だと覚えてください。逆はどうなるかというと、すべてのことが自分一人のせいではないし、そしてひとつ上手くいかなかったからと言って、すべてが上手くいかないわけでもないし、また、今上手くいかないからといって、ずっとダメなわけじゃない。これは、健全な考え方だと思うんです。だから、三つのPでない生き方をすることができれば、否定的なネガティブな気持ちに対処でき、ストレスに打ち勝つことができると教えてくれた。これはまさにその通りだと思います。しかしここまでは、心理学の領域です。問題は、それはそうなんだけれども、「否定的になるな」、「あなたのせいじゃない」、「すべてが上手くいかないわけじゃない」、「いつまでも上手くいかないわけじゃない」、そう言われても、でも私たちに働きかける罪と死の力があって、「お前はダメだ」、「いつまでもダメなんだ」、「救いなんかないんだ」、「すべてが上手くいかないんだ」、そういうふうに私たちを組み伏せようとする力に、私たちは心理学的なテクニックでは勝つことができない。しかし良い知らせがあります。それは、イエス・キリストが、神さまの思いが凝って人となったお方が、ことばが私たちにある。単なる口先の言葉じゃない。神さまの愛が、ありったけの愛が凝って、そして私たちの一番深い所に、一番傷ついたところに、一番ダメなところに入り込んで、そこを癒やし、そこを抱きしめ、そこを温め、その一番底の部分から私たちを癒やしていく、イエス・キリストのみことばによって、私たちは生きる。心理学的なテクニックが良くないとか、役に立たないというわけではないです。しかし、私たちの根本のところが癒やされていく時に、またそういったテクニックも用いることができるようになるでしょう。イエス・キリストのことばに耳を傾けてください。このことばは真実のことばです。何故なら単なる言葉じゃなくって、キリストの十字架の血と復活のいのちに裏付けを持っていることばだから。

今日はペンテコステ。おめでとうございます。御父の思いが凝って、人となった。そんな御子のみことばを聖霊が私たちに、あのペンテコステの日以来、聞かせてくださっている。この朝もみなさん聞いたと思います。イエス・キリストのみことばを。聞き取らせてくださったのは、聖霊であります。信じて、喜び、今週も歩みを始めて参りましょう。

短くひとこと祈ります。

恵み深い天の父なる神さま、この朝も、あなたの思いが私たちの内に凝《こご》るみことばを持って、抱きしめ「本当にあなたは大丈夫なんだ、わたしの愛する子よ。生きよ、喜べ」と語りかけてくださったことを、ありがとうございます。続いてご自身のいのちの中を、御胸の中を歩む私たちを、どうか一刻も早く、私たちが本当に会いまみえることができるように。コロナを収束させてください。尊いイエスさまのお名前によってお祈りいたします。アーメン。

# そばに置いてくださるお方

聖書　マルコの福音書3章13～19節

13さて、イエスが山に登り、ご自分が望む者
たちを呼び寄せられると、彼らはみもとに来
た。14イエスは十二人を任命し、彼らを使徒
と呼ばれた。それは、彼らをご自分のそばに置くため、また彼らを遣わして宣教させ、15彼
らに悪霊を追い出す権威を持たせるためであった。16こうしてイエスは十二人を任命された。
シモンにはペテロという名をつけ、17ゼベダイの子ヤコブと、ヤコブの兄弟ヨハネ、この二
人にはボアネルゲ、すなわち、雷の子という名をつけられた。18さらに、アンデレ、ピリポ、
バルトロマイ、マタイ、トマス、アルパヨの子ヤコブ、タダイ、熱心党のシモン、19イスカ
リオテのユダを任命された。このユダがイエスを裏切ったのである。

今日の聖書の箇所は「十二人」の使徒が任命されたところです。使徒と申しますのは、「派遣された者・派遣された人」という意味です。主イエスの使者として派遣されていく。言うならば主イエスが始めてくださった神の国の大使、そのような人びとが使徒です。

イエスは十二人を任命し（3・14）

この「任命」という言葉なんですけれども、この言葉は「作る」という意味、「ゼロから作る」っていう意味であることを知っていてほしいと思うんです。つまり、彼らが使徒となったのは、イエスさまが彼らを使徒に作られたから。とても大切なことだと思います。主イエスの使徒たちはたくさんいたわけですけれども、私たちはともすると「たくさんの人の中からイエスさまが選りすぐりの人びとを選んだ。優れていたから選んだ。なにか理由があって選んだ」とそういうふうに考えがちだと思います。それは無理もないことで、世の中で、スポーツの選手とかチームのメンバーとか、あるいは選挙にしてもそうですけれども、選ぶっていうことは優れているから選ぶということ。そうでなければ、選ばれなかった人も何で自分が選ばれなかったのか、理由がなかったらモヤモヤします。普通はそうなんです。しかし、イエスさまはそうじゃなかった。

使徒が任命された理由は、14節と15節にあります。

彼らを遣わせて宣教させ、彼らに悪霊を追い出す権威を持たせるため（3・14〜15）

イエス・キリストの福音を宣教すること、また悪霊を追い出すっていうこと、この悪霊については来週少し詳しくお語りしたいと思いますが、これは普通の使命ではない。悪霊を追い出したり、福音を宣教するのは、普通の使命ではない。福音の訪れを知らせることは、普通のことではないんです。ちょっと優れているからできることではない。何かがあったらできるということでもない。そうじゃなくて、イエスさまが作り出してくださるのでなければ、こういうことをすることはできないんです。福音を宣べ伝えること、また、悪霊から解き放つこと。これはすべて人びとを神さまに向かって解き放つということです。そんなことが、有能な人間だからできるというわけではない。あるいは、熱心だからといってできるわけでもないんです。イエスさまが使徒として作ってくださる時だけ、することができる。彼らが優れた人であったわけではない。ですからイエスさまはゼロから人を作り出すことができる。ということは、イエスさまは私たちをも、ゼロから使徒に作ることができる。遣わされた者、派遣された者とすることができる。神の国の大使とすることができる。それは、繰り返して申し上げますけれども、私たちの有能さや熱心さとは関係ない。私たちの熱心さがどれほどのものか。ペテロを見たらよくわかる。とても熱心だった。そしてとても簡単にイエスさまを裏切った。私たちの有能さがどれほどのものであるのか。そんなことでイエスさまに向かって人びとを解き放つなんてことはできない。私たちを使徒に作ることができると言っても、別に私たちがマタイやマルコのように福音書を書くというわけではないんです。しかし、私たちはそれぞれの置かれた場所で、私たちの目の前にいる人を主イエスに向かって解き放つために置かれている。派遣されているのです。やっぱり使徒だと思います。

ご自分が望む者たちを呼び寄せられ（3・13）

13節にあるこの言葉も同じです。何で、弟子たちが、十二人の使徒たちが選ばれたのか。それはイエスさまが望まれたからです。ただ望まれたからです。選びの根拠は、イエスさまが望んだというただそれだけです。使徒たちが優秀だったからとか熱心だったからとかそんなこと関係ない。イエスさまがただ望んでくださったから。私たちたちもまたイエスさまに望まれた。選ばれた。その根拠は私たちの内にはないということ。私たちは、謙遜にならなければなんて言うことをいいます。しかしこのことを知っているならば、謙遜になるもならないも、傲慢になりようがないです。ただ選ばれたんです。イエスさまがただ望んでくださったんです。あなたを望んでくださった。理由もなく。ただあなたを望んでくださった。だから、どんなときも私たちは、絶望することがあってはならない。たとえ最悪の罪を犯してしまったとしても。イエスさまが私たちを望んでくださって、最悪の罪を犯しているその時も、私たちを選んでくださっている。望んでくださっている。ご自分と一緒に居ることを望んでくださっている。そのために十字架にかかってくださいました。あなたはイエスさまに望まれたから、イエスさまが望んでくださったから、今こうしてYouTubeを見ている。神の言葉を聞いている。あなたが熱心だからじゃない。あなたがちゃんとした人だからじゃない。あなたが聖書をよく理解できるという有能な人だからじゃない。イエスさまがただあなたを望んでくださいました。

さて使徒たちがなすことは、主イエスに遣わされて福音を宣教し、また悪霊を追い出すこと。しかし、実はそれよりも先にすることが、14節に書かれています。

彼らをご自分のそばに置くため（3・14）

ほかの仕事は全部その後に書いてあるんです。イエスさまが置いてくださるままにそばにいることは、使徒たちにとって大切です。なぜ大切かというと、イエスさまのそばにいるならば、イエスさまがいろんな出来事、いろんなパリサイ人に仕打ちを受けたり、あるいは病の人を診たり、いろんな出来事の中でどうお感じになるのか、そしてどのようにふるまわれるのか、イエスさまって何を喜ばれ何を怒られ、何を悲しむのか、ということを見ることになり、わかるようになる。そして、怒るときはどんなふうに怒るのか。どんなふうに悲しむのか、どんなふうに喜ぶのかということもわかってくる。いつも私が申し上げている言い方によるならば、イエスさまのそばに居るならば、イエスさまの体温、温かさ、胸の鼓動を感じ取れるようになってくるということです。そしていつか、私たちの体温もイエスさまのように、そして私たちの胸の鼓動もイエスさまの胸の鼓動のようになる。イエスさまが罪人を見てあわれんでその胸の鼓動が早くなるときには、私たちの胸の鼓動もまた早くなるような。そういうふうにイエスさまに似た者に変えられていく。イエスさまのあわれみや、イエスさまが注がれる愛がだんだん少しずつ身についていく。イエスさまのそばに居るなら、そういうことが起るんです。

しかし、残念ながら、弟子たちが目で見て触ることができたというふうに、イエスさまのそばにいたようには、私たちは目に見えるイエスさまのそばにいることはできません。できないです。しかし、その代わり二つの方法で主イエスのそばに置いていただくことができると思います。第一に、じっくりと聖書を読み、礼拝でみことばを聞くことによって、主イエスのみこころを知り主イエスの体温と鼓動を感じることができます。みなさんがいつもしておられるとおりだと思います。

もう一つ、あまり知られていないことですけれども、仲間を通してイエスさまのそばにいるということができます。私たちはデボーションと申しますと、一人にならなくちゃ、ほかの人がいたら集中できないと考える。でも、イエスさまが私たちをそばに置きたいと思っておられる願いはとても強いので、私たちが一人でできることには限界があるんだけれども、仲間を通しても私たちはイエスさまのそばにいることができます。

私は牧師になって長い間、牧師ってどういうふうにしたらよいのかよくわからなかった。

牧師ってどういうふうに感じるんだろう、振る舞うんだろう、愛するんだろう。本当によくわからなかった。もちろん、愛するとか、言葉ではわかっているんだけれども。実際一つひとつの出来事が、一つひとつの教会の人の言葉がやっぱりそこにはあるわけです。その具体的な一つひとつの出来事に対して、総論ではなくて、どのように対応していったらよいのか。通り一遍に、こういうときはこうなんだと、教科書のようなことを読んでもわからない。状況は全部違いますから。それで、私は牧師として本当に悩み抜いてきた。悩み苦しんできた。わからなかった。自分が牧師としてどういうふうに生きたらよいのか。どういうふうに人びとに語りかけ聞いたらよいのか、わからなかった。わからないなりにやっていた。

しかし、この明野キリスト教会の牧師になってしばらくしてから、一人でずっと悩んでいるばかりではなくて、ほかの牧師たちと積極的に交わるようになりました。交わるようにした、というよりはいろいろなことでそういうふうにだんだんなっていった。ほかの牧師たちがこういう時にどういうふうに感じているんだろうか、そしてそんな思いをどういうふうに表現するんだろうか。あるいは何かあったときにどのように決断するんだろうか。あるいは決断しないでしばらく祈っているのか。そういうことを見たり聞いたりする機会が与えられるようになりました。ただ見たり聞いたりするだけじゃなくて、自分から積極的に「あなたは今どういうふうに思っていますか」、「今二人で見たこのことに対してどう思う？　あなただったらどうする？」って聞いてみるようにしました。特に牧師の子どもとして育った人びとというのは、私にはない牧師としての勘所のようなものがやっぱり身についていると思わされるところが多かったです。ですから特にそういう人びとに、「自分はこのことはこう感じるんだけど」、「今こういうことを見たらこう感じるんだけれども、それっておかしいですか？」、「あなただったらどう思いますか？」そういうふうなことを率直に聞いてみた。そうしている内に、少しずつ仲間を通して「ああイエスさまがここにいたらこういうふうに感じられるのか」と、だんだんそういうことがわかってくるようになってきた。仲間を通してイエスさまのお心、体温、そういうものが伝わってきたような気がします。イエスさまは私たちのそばに居てくださる。それは密室の祈りの時だけではなくて。仲間を通してもイエスさまは私たちをそばに置いてくださる。

これは牧師に限ったことではないと思います。私たちに仲間が与えられているのは、その仲間が感じたイエスさまの体温やイエスさまの胸の鼓動をその人からも伝えていただいて、そして私たちが御そば近くに、みそば近くに、本当に近くに置いていただける。通り一遍じゃなくて「一週間に一回礼拝を守っていたらそれでいいでしょ」じゃなくて、本当に近くに、イエスさまは私たちをそばに置くことを望まれている。その中で私たちをゆっくりと変えてくださいます。率直な交わり。率直ということは本当に大切にしたいと思います。かっこつけるんじゃなくて、嘘つくんじゃなくて、率直に。本当に、ひょっとしたら「そんなことわからないんですか」と言われるかも知れないけれど、わからないんだから、率直に。交わりの内に。使徒として私たちを神さまは作りあげてくださる。まず私たちを御そば近くに置くことによって私たちを作りあげてくださる。

さて、この十二人の人びとは実に不揃いな人びとでありました。ペテロは熱心だけれども、とてもおっちょこちょいな人です。ヤコブとヨハネ、この兄弟は雷の子でした。ボアネルゲ。激しい性格の兄弟であった。ほかには取税人もその中にはいましたが、政治的には取税人という人はやっぱりローマに近い人たちなのです。ところがその正反対の熱心党のシモンというのが18節に出てきますけれども、これは反ローマの過激派です。人間が十二人のチームを任命しようと思ったら、もうちょっとうまくいきそうなチームを任命するのではないかと思います。弟子たちがよく争ったり競ったりするのを見て、私たちは「馬鹿だな」と思いますけれど、これを見ると無理もないと思います。当たり前だと思います。「今までローマに尻尾ふっていたような人が何を言っているんだ」という怒りが、熱心党の人の中にはあったでしょう。また逆に「熱心党のような人たちがいるから、イスラエルはいつまでも苦しんでいるんだ。もっと現実的にローマと仲良くしなきゃいけないじゃないか」と、取税人から見るならば、熱心党の人はただ配慮に欠けた人びとというふうに思えたかもしれません。普通だったらこういう集団は作らないです。でもイエスさまはこの十二人を望まれたんです。全く不揃いな人びと。人間には決して生み出すことができない愛の絆を彼らの間に作り出された。それがイエスさまのなさったこと。そして教会というのはそういう存在なんです。教会というのはイエスさまによって全く不揃いな人びとが愛の絆を作り出され、そしてその愛の有様を見てこの世の光となっていく。それが、イエスさまが望まれたこと。だから兄弟姉妹に違いがあることはそんなことは驚くに値しない。「あの人は私と違う」。当たり前なんです。だからイエスさまはそこから愛の絆を築くために召してくださった。望んでくださった。私も望んでくださり、兄弟姉妹も望んでくださった。みなさん全員を望んでくださった。

世界の中には本当に今、差別やまた分断が激しく存在すると思います。この間、感動的な動画を見ました。アメリカで、黒人の男性が警官によって死に至らしめられた。その後、抗議のデモがあちこちで起こっているわけです。私が見た動画のなかでは、規制する側の警官隊の中から一人の白人の警官がはぐれてしまった。そこにデモ隊が押し迫ってくる。そうすると、黒人の十人ほどの人が手をつなぎ合ってデモ隊の前に立ちはだかって、その白人の警官を守っている動画でした。そして、もう一つの動画は、警察署に向かってデモ隊が押し寄せてきている。そこでも十五～六人の警官が肩ひざを着いて腕を組んでひざまずいている。それは何かというと、「あなた方の訴えを私たちは聞きます」っていうこと。「話してくださ い、聞きます。」っていう、そういう姿勢を示したということです。白人の警官たちがデモ隊にむかって耳を傾けたという動画でした。

世界はもうとんでもなくひどいように思えるけれども、そこで既に始まっていることがある。そうした気高い振る舞いをする人びとがみんなクリスチャンだとかそんなことは知らない。そうかも知れないし、そうでないかも知れない。けれどもそういったものが輝いているとするならば、それは間違いなくイエスさまがそれを望まれたからに違いない。そしてそういった「注ぎ出す愛の絆」の始まるところはこの世界の中で教会しかない。教会から始まっていく。

キリスト教会は自分たちのことを、「使徒的教会」というふうに、この二千年間呼んできました。古くは紀元4世紀のニカイヤ信条。ニカイヤ信条というのはすべてのキリスト教会が共通の信仰告白としているものですけれども、そこにも出てきます。要するに使徒的教会とは、主イエスが使徒を通して作り出した教会、まず使徒を作り出して生み出した教会です。これが使徒的教会です。そしてその使徒の生き方や愛の絆が受け継がれている教会。それが使徒的教会。イエスさまが使徒を作り出すことによって始まった教会。使徒たちの愛の絆が受け継がれている教会。使徒的教会です。

何十億人もの行列を想像してみてください。十二人の使徒たちが先頭に立っている。そしてその後に、その後に、その後に。使徒たちを通して主イエスの体温を伝えられた人びとが、愛の絆に結ばれて続いていくわけです。何十億人の行列の最後にいるのは私たち。歩いている。受け継がれている。この教会の中を貫いている愛の絆によって。主イエスのそばに置いていただいて、そのイエスの体温と鼓動を知った者たちが。その行列の末尾に私たちも加わっている。なんとこの私たちが。イエスさまが望んでくださったから。あなたもここに加われと。あなたも共に歩けと。あなたもこの愛の絆を受け取り、受け渡せと。私たちの後にもこの行列は続いていくんです。伝えるのは私たち。何を伝えるのか。面倒くさい教理や教えや儀式を伝えるということではないです。主イエスの体温を知る。そして、みことばと仲間を通してみこころを知る。それを手渡していく。そのようにして私たちに続く人びとが起こされていく。コロナの下であろうが、世界がどんなになっていこうが、私たちに続く人びとが起こされていきます。なぜなら、主イエスがそのことを望まれるから。私たちの子どもたちや友人たちも、ご自分のそばに置きたいと望んでおられるからです。

短くひとこと祈ります。

恵み深い天の父なる神さま、この朝もあなたは私たちを御そば近くに置かんがために、礼拝に招き、みことばを聞かせ、また私たちの祈りと賛美に耳を傾けてくださることをありがとうございます。あなたのそばにずっと居させてください。あなたの胸の中にずっと居させてくださいますように。世界がどうかこの喜びを知ることができますように。いのちを持つことができるように。尊いイエスさまのお名前によってお祈りします。アーメン。

# 解き放つお方

聖書　マルコの福音書3章20～30節

[20]さて、イエスは家に戻られた。すると群衆が再び
集まって来たので、イエスと弟子たちは食事をする暇
もなかった。[21]これを聞いて、イエスの身内の者たちはイエスを連れ戻しに出かけた。人々
が「イエスはおかしくなった」と言っていたからである。[22]また、エルサレムから下って来
た律法学者たちも、「彼はベルゼブルにつかれている」とか、「悪霊どものかしらによって、
悪霊どもを追い出している」と言っていた。[23]そこでイエスは彼らを呼び寄せて、たとえで
語られた。「どうしてサタンがサタンを追い出せるのですか。[24]もし国が内部で分裂したら、
その国は立ち行きません。[25]もし家が内部で分裂したら、その家は立ち行きません。26もし、
サタンが自らに敵対して立ち、分裂したら、立ち行かずに滅んでしまいます。[27]まず強い者

を縛り上げなければ、だれも、強い者の家に入って、家財を略奪することはできません。縛り上げれば、その家を略奪できます。[28]まことに、あなたがたに言います。人の子らは、どんな罪も赦していただけます。また、どれほど神を冒瀆することを言っても、赦していただけます。[29]しかし聖霊を冒瀆する者は、だれも永遠に赦されず、永遠の罪に定められます。」[30]このように言われたのは、彼らが、「イエスは汚れた霊につかれている」と言っていたからである。

冒頭の20節にある、イエスさまが戻られた「家」ですが、イエスさまが生まれ育った家はナザレにあるわけですから、おそらくシモン・ペテロの家であろうと言われています。そこに群衆が集まってきた。イエスさまと弟子たちは、忙しく働いておられました。福音を宣教し、病を癒やし、悪霊を追い出す、そのようないつもと同じことをしていました。ここには三種類の人びとが登場しています。第一の人びとは、弟子たちです。イエスさまと一緒に働いている弟子たち。彼らはイエスさまが神から遣わされた救い主であり、そして主イエスのみわざは聖霊によるということを知っていた人びと、信じていた人びとです。第二の人びとは、イエスさまの身内、家族です。

さて、イエスの母と兄弟たちがやって来て（3・31）

ここから身内というのは、母マリアと妹たち、弟たちだということがわかります。彼らは、もちろん身内なのでイエスさまを愛していました。ところが21節に彼らがなぜやって来たかが書いてあります。

これを聞いて、イエスの身内の者たちはイエスを連れ戻しに出かけた。人々が「イエスはおかしくなった」と言っていたからである。（3・21）

「お宅の息子はおかしくなった」という言葉を聞いて、それで連れ戻しに「もう、そんなことやってないで、ナザレに帰ろう」と言った。「やめなさい」と言って、止めにかかったわけです。つまりイエスさまの身内の人びとは、イエスさまが神さまから遣わされたことがわかっていない、信じていなかったわけです。そして、イエスのみわざが聖霊によることを彼らは信じていない。これが第二の人びと、イエスの身内です。そして第三の人びとはエルサレムの律法学者たちで、このように言っていました。

また、エルサレムから下ってきた律法学者たちも、「彼はベルゼブルにつかれている」とか、「悪霊どものかしらによって、悪霊どもを追い出している」と言っていた。（3・22）

ベルゼブルというのは、悪霊の頭《かしら》のこと。エルサレムというのは、イスラエルの中心です。このガリラヤというのは、本当に辺境の田舎の地なんです。このガリラヤにも律法学者がいて、彼らが総本山と言いますか、権威あるエルサレムの律法学者たちに、イエスという者がこういうことを今、ガリラヤでしているということを伝えた。ですから、ガリラヤからの知らせを聞いて、一体何が起きているのかと、調査しに来た。このエルサレムの律法学者たちは、事実を認めざるを得なかった。実際、悪霊が追い出されているという事実は認めざるをえなかったのです。でもそれを聖霊によるものと認めなかった。これは、悪霊の頭によって、悪霊の力によってやっているんだ。とそういうふうに断定いたしました。

そういうわけで、三種類の人がいたと申し上げたんです。一つは弟子たち、一つは身内たち。もう一つは律法学者。このエルサレムから来た律法学者たちの中には、ガリラヤからやって来た律法学者たちも、同類と見ていいわけですけれども。しかし、もし違う分け方をするならば、この三種類の人びとたちは、実は二種類になるのです。イエスさまのみわざが聖霊によってなされていると信じる弟子たちと、それ以外の、イエスさまのみわざは聖霊によるものではないと思う人たちの二種類に分かれることになります。つまり、イエスさまの身内の人びとも、イエスさまを愛して気遣ってはいるんだけれども、そのわざが聖霊によるものだと思ってはいないという時点で、その点においてはイエスに敵対する律法学者たちと同じ分類になるということです。そこでイエスさまはたとえを語られた。その目的はもちろん、イエスさまがわからない、信じることができない、その身内と、また律法学者たちを招くため、そして彼らもまた福音の素晴らしいいのちの中へ飛び込むことができるため。それが26〜27節です。

もし、サタンが自らに敵対して立ち、分裂したら、立ち行かずに滅んでしまいます。まず強い者を縛り上げなければ、だれも、強い者の家に入って、家財を略奪することはできません。縛り上げれば、その家を略奪できます。(3・26〜27)

ここでイエスさまはサタンという言葉をお使いになって、人びとが悪霊どもの頭《かしら》と呼んでいたものが明確にサタンであると、これは悪魔であるというふうにおっしゃっています。このたとえで難しく感じるのは、略奪するものがイエスさまだという点なんです。これはイエスさまのイメージに合わないです。略奪とか、縛り上げるとかいうイメージが合わないものですから、私たちはしばしば混乱するわけですけれども、この文脈から読めば、明らかに強い者、その家を支配している強い者というのがサタンですね。そこへ、その強い者の家に無理やり入ってきて、その強い者を、家を支配している強い者を縛り上げるそういう存在、それがイエスさま。縛り上げて、略奪していくわけです。この世界はそして私たちも、サタンという強い者に支配されている、支配されているから自分で思うようにすることができない。生きることができない。本来私たちが生きるべき生き方をすることができないのは、強い者に支配されているからです。私たちよりも遥かに強い者に支配されているからです。だから私たちと神さまとの愛が破れ、私たちとほかの人びととの愛が破れ、私たちとこの世界との愛が破れている。三つの破れがそこにある。いつも申し上げている通りです。おかしくなってしまっているんです。強い者に支配されて、おかしくなってしまっているというのが、私たちの姿です。でも愛するために造られたんです。愛することができない私たちを、神さまはとってもあわれに思われて、イエスさまはとってもあわれに思われて、決してそのままにはしておくまいと思われて、そして普通であったら強い者が支配しているので、そこに入ってくることなどできないのだけれども、それでも無理やり押し入って、入った。イエスさまが押しいられた。この世界の中に、本当はご自分の世界なんだけれども、ご自分のものなのだけれども、そこに入れまいとする悪の力が支配しているから、強盗のようにそこに押し入って来られた。抵抗し、嫌がるサタンの支配の中で押し入って来てくださって、そして無理やり家財を略奪する。家財というのはわたしたちです。わたしたちを略奪するんです。わたしたちを取り戻すんです。サタンはそんなに簡単に手離さないですから、罪の力は私たちに「お前はダメなんだ」と言い聞かせるなどします。「お前はダメなんだ。だからちょっと良い気持ちになれるように、ほれあの人に勝ってみろ」とかなんとかそういうことをサタンは言って、私たちを縛り付ける、だけどイエスはサタンを縛り上げて私たちを、解き放つ。略奪してくださる。私たちがサタンの支配の元にいることを、耐えられない。そんなことは見ていることができないから、激しい怒りをもって、押し入り、私たちを解き放ってくださった。ご自分に向かって解き放ってくださった。サタンに縛りあげられて、サタンに縛り付けられて、イエスさまを見上げることもできなかった私たちを、イエスさまご自身に顔を向けられるように自由にして、自由にされた後イエスさまの方に駆け寄ることができるようにしてくださった。そしてご自分の胸に抱きしめ、私たちを愛の生活に、愛を第一に、愛を注ぎ出す、愛を受け取ることを何よりも喜びとする、そういう愛の生活の中へと、招いてくださいました。解き放ってくださった。

そういうわけで、子たちがみな肉と血とを持っているので、イエスもまた同じように、それらのものをお持ちになられました。それは、死の力を持つ者、すなわち、悪魔をご自分の死によって滅ぼし、死の恐怖によって一生涯奴隷として繋がれていた人々を解放するためでした。（ヘブル2・14～15）

いつもお語りしているヘブル人への手紙2章14～15節です。主イエスはもちろん、強い者よりももっと強い、サタンよりももっと強いんだけれども、単なる暴力で、単なる力づくでサタンを縛り上げたわけではなかった。そうじゃなくってご自身のいのちと引き換えに私たちを解き放ってくださいました。家財を略奪するというのは、本当に穏やかではない、主イエスには似合わないように思える表現ですけれども、でも本当にそういう凄まじい、きれいごとでは済まないことが起こったのです。イエスさまが私を信じなさいと言ったら、みんなが「はい」と言って「信じました」といったことより、もっと凄まじい救いがそこに起こったわけです。本当にイエスさまは血まみれになってくださった。人の血ではない、自分の血。血まみれになってくださった。それは私たちを解き放つため、私たちを自由にするため。私たちを愛に生きるようにするために、ご自分の血を注ぎ出してくださいました。神さまとの愛が回復され、人との愛が回復され、世界との愛の破れが回復され、私たちが愛に生きる者とされるために、十字架の上で血が流されました。

「まことに、あなたがたに言います。人の子らは、どんな罪も赦していただけます。また、どれほど神を冒瀆することを言っても、赦していただけます。しかし聖霊を冒瀆する者は、だれも永遠に赦されず、永遠の罪に定められます。」(3・28〜29)

この28〜29節は時になんと厳しいところだろうと思う箇所です。どれほど神を冒瀆することを言っても赦されるのに、でも絶対に赦されない罪があるというのです。私たちはここを読んでも、実際にどういう罪があるのかよくわからない。聖霊を冒瀆する罪っていうのは、どういう罪なのかよくわからないわけですよ。しかし、聖霊を冒瀆する者とは、主イエスが神から遣わされた救い主であり、そのみわざが聖霊によることを信じない者。律法学者たちはイエスさまがなされたみわざが「これは悪霊の働きだ」と言ったわけです。これが聖霊を冒瀆する罪。イエスさまが聖霊によって、神さまから遣わされた救い主として、わたしのために十字架にかかって死んでくださったこと、それは聖霊の働きなんかじゃない。それは神さまの働きじゃない。もしそう言うならば、それは聖霊を冒瀆する罪ということになる。その罪に対する罰は、「ざまあ見ろ。冒瀆したから、わたしを聖霊によらないと言ったから、だから罰を与えるんだ」というような積極的なものではない。むしろ、むしろ主イエスの与えてくださる愛の生活、そしていのちを最後まで拒みぬく結果、目の前にあるいのちではなく滅びを自分で選び取ってしまうということです。そうあってはならないので、なんとしてでも、聖霊のわざを受け入れるようにという思いで罰を与えるとおっしゃる。憎くて罰を与えているわけじゃない。そうじゃなくって、なんとかそういうことにならないように、十字架にかかってくださった。十字架の上でも「父よ彼らをお赦しください」と叫ばれたイエス・キリストが招いてくださっている。父なる神が「この罪だけは犯すな」と言った罪を犯しても、また、「イエス・キリストお前は神じゃない」と言っても、「そこから降りて来てみろ」と言っても、何を言っても構わない。赦す。でも私を信じないということだけはないように。それは、あなたを滅ぼしてしまう。そのようにお語りくださいました。

しかし、恐れることはない。私たちは恐れることはない。信仰をもって、このYouTube礼拝を聞いておられるおひとりおひとりは、恐れることはない。何故ならもうすでに、私たちは主イエスの胸の中でこれが聖霊のみわざであることを喜んでいるんです。イエスさまが私のために、遣わされた救い主であることを、神ご自身であることを、イエスさまの胸の中で兄弟姉妹と共に喜んでいるんです。その私たちの内には、もう聖霊によって三つの愛の破れが繕われ始めて、ますます毎日繕われていく。だから弟子たちがそうであったように、私たちも喜びをもって、さらに世界の破れが繕われるために、働くことができます。そのために働くこともまた聖霊によることを覚えたいと思います。

短くひと言祈ります。

恵み深い父なる神さま。本当にこの朝もイエスさまは切なる思いを持って私たちに「あなたはわたしを信じるか」と、「あなたはわたしの胸の中で愛する。あなたはわたしの愛を受け取るか」と、何度もお尋ねくださっていることを覚えてありがとうございます。あなたがご存じの通りです。私たちがあなたを愛していることをあなたがご存じです。どうか愛を増し加わることができる御霊を持って私たちを育ててください。愛を大きくしてください。そのためにも、あなたの愛をますます注いでください。兄弟姉妹と共に、本当に愛し合う私たちに。どうか、あなたが恵みを持ってどうか祝福し、コロナを留め、一日も早く愛する人びとと共に礼拝を、そして聖餐を守ることができるように。尊いイエスさまのお名前によってお祈りいたします。アーメン。

# 説教者と噛み合わない校正者による解説

今井裕也

ブルース・リーが「燃えよドラゴン」で言った"Don't think. FEEL!"。これを座右の銘とする大頭師と、「感じる」自身の正確性を疑いつつ普遍的な正しさに近づくことに憧れる私（今井）では、話が噛み合わないことがしばしばあります。そのような私にも拘らず、校正の役割を与えてくださり、「解説も書けるか？」とお声掛けくださる大頭師は、やはり直感の人だと思わされます。と同時に、「でこぼこな私たちならではの共同体」（14頁「**バプテスマのお方**」）の前進を通して、神さまの愛を体現することを実践されているとも思わされます。

本書に収録されたマルコの福音書の講解説教が明野キリスト教会（京都府八幡市）の主日礼拝でなされたのは、２０２０年3月から6月にかけてです。救い主イエス・キリストの十字架と復活を覚える時期であることはもちろんですが、新型コロナウイルスのまん延にどう向き合うか、多くの教会で「走りながら考える」ことを余儀なくされた時期ではないでしょうか。そのような時間、あるいは空間の影響を受けた説教ではありますが、その根底にある、時間や空間を越えた福音の本質が語られていることに心を留めたいと思わされます。

第1巻全15回の説教に貫かれている福音の本質をまとめるなら、「神さまと私たちが、共に喜べるようになること」ではないでしょうか。大頭師の説教でしばしば語られることに、神－人、人－人、人－被造世界といった関係の破綻、「3つの破れ」の回復をイエスさまはなさるということがあります（「きよくするお方」他）。また、「神さまの胸の中」で生きること（「**いやすことができるお方**」他）といったことも語られています。破れの回復については、本書内で具体的な論拠となる聖書箇所が示されている訳でなく――「**権威あるお方**」にあるとおり、「聖書にこう書いてある」と言うような、聖書の個別箇所を論拠としてのみ福音が解き明かされると、大頭師は考えていないようです――、聖書を細かく読み、自分に適用することに親しみを覚えている方は、魅力を覚えると同時に、唐突さ、危なっかしさを感じるかもしれません。

しかし、説教で引用されるイエスさまのことばから、福音が「共に喜べるようになること」であることがはっきり示されている、そのように私は教えられました。イエスさまが悪霊に示された「黙れ、この人から出ていけ」という怒り（「**権威あるお方**」）。主の招きに応答せず「黙っていた」街道の人々への怒り（「**いのちを救うお方**」）。また、弟子たちが断食しないことを問う人々に対する「花婿が一緒にいる間は、断食できない」という応答（「**新しくするお方**」）。これらのことばに触れると、聖書の読み方の違いを超えて、イエスさま、そして父なる神さまや聖霊さまは、私たちと共にありたいと強く願っておられる、だから福音をもたらされたということを否定できないのではないか、そのように思わされます。

イエスさまを信じるという場合、人に突き付けられることに悔い改めがあります。「**罪を赦すことができるお方**」で「福音のど真ん中」と説かれているマルコの福音書1章15節のイエスさまのことばに「悔い改めて福音を信じなさい」とあります。この説教では、悔い改める時は方向転換の時である、そしてその方向転換とは、主人公を自分自身ではなく神さまとすることだと語られています。

このことを牧師が教える際、「自分中心ではなく神中心である」と説かれることもあるでしょう。これはともすれば自身の都合や思いを放棄し、全てを神さまに明け渡すことのように思えるかもしれません。イエスさまに対して従順であることという課題への応答を説く神学書や信仰を指南する書で、このような放棄を教える名著はいくつもあります。あるいは、

「神さまに喜ばれることは何か？」という問いの答えを追求し、実践することが信仰者としてのあるべき姿であると思うかもしれません。しかし、こういう言い方は、「何かしなくちゃいけない」という思い、さらには大頭師が何度も口にする「私は信仰がまだまだダメなんです」（12頁「**バプテスマのお方**」）といった、神さまが願っていない態度に陥ることと紙一重ではないでしょうか。だからか、大頭師は自分を主人公とすることを「偽り」だと明言しつつ、自己放棄としてではなく、「神さまと共に生きていく」こととして（「**罪を赦すことができるお方**」）」、神さまを主人公として生きることを語っています。

なぜ「神さまが願っていない」と言えるのか。私たちが神さまに求められていることは、何か要件を満たすこと、違反しないことではなく、関係を保つこと、共に働き共に喜ぶことである。そのようなことを大頭師は説教で一貫して語っています。もう一つ、大頭師が繰り返し語ることに、イエスさまの福音は既に始まっている（「**罪人を招くお方**」）ということがあります。イエスさまご自身が福音を信じるよう呼びかける際、「時が満ち、神の国が近づいた」（マルコ1・15）と宣言されていますから、福音を信じることと、福音が既におこっていることを切り離すことはできないでしょう。イエスさまが始めた結果として、クリスチャンが「主イエスに喜ばれることは何か？」と思い巡らす、もっと言えば人が「主イエスを信じたい」と思う（「**罪人を招くお方**」）。その順序を取り違えてしまうと、福音と似て非なるものを信じているに過ぎない、そのようなことも大頭師は伝えたいのではないかと思わされます。

個々の説教を読んでいて、驚いたり、問い掛けられたり、あるいは反発したりする箇所がいくつもありました。それを解説することもまた、私の役目かもしれませんが、私の視野を押し付けることにもなりかねず、また力量不足もありますので、これにてご容赦頂きたく思います。

解説者として大頭師の説教を読解しようと試みましたが、うまくいきません。それは当然です。イエスさまのことはそばにいることでわかる（「**そばに置いてくださるお方**」）。人々がイエスさまの教えに驚いたが、「わかる」教えには驚きがない（「**権威あるお方**」）。イエスさまが伝えたいことを牧師が取次ぐところの説教は、知的に理解するものではなく、感じて受け取っていくものなのですから。ああ、頭が痛い。

# イエスは清く美しく

作詞：大頭眞一
作曲：奥野信二

## イエスは清く美しく

作詞：大頭眞一　　作曲：奥野信二

1
世界で最初のクリスマス
マリアの子なるぼくらの主
愛するために馬小屋に
イエスはいのちを燃やされた
イエスは清く美しく

2
貧しきぼくらを訪ねては
慰め癒しを差し出して
愛するために旅された
イエスはいのち燃やされた
イエスは清く美しく

3
ぼくらを縛る罪と死の
力を砕くそのために
愛するゆえに十字架に
イエスはいのちを投げ出され
イエスは清く美しく

4
その日の朝によみがえる
ぼくらもともにとこしえに
今からのちは離れずに
ぼくらもいのち燃やしつつ
ぼくらの清く美しく

https://youtu.be/AV2xtuPnF-I?si=rteaIShtJfF9RXC9

## 説教集協力者の方がたのプロフィール

### 【文字起こし】

Solae（ソラ）
ネット・チャーチ・サフラン所属 絵本作家、朗読 文字起こし作業は、聞き逃してしまうことも、聞き流すこともしがちの私にとって、最高の礼拝メッセージを味わえる恵みであります。大頭先生の説教集製作チーム一員に加えていただけましたことを、心より感謝いたします。

文字起こし匿名　1名

### 【校正】

今井裕也（いまい・ゆうや）
1987年大阪府堺市生まれ。2024年現在奈良県に住み、プロの農家を目指して勉強中。出身幼稚園の隣にある福音交友会昭和聖書教会で2009年に受洗。会社の退職を契機に自分の思うままに神学研究をやってみたく思い、2020年に同志社大学大学院神学研究科に入学、2022年修士課程修了。大学院在籍中から、所属教派と立場の異なる諸教会に足を運んだり、勉強会に潜り込んだりしている。その一つが大頭師の主宰する焚き火塾であり、そのご縁で本書の校正をさせて頂いた。

校正　匿名　1名

### 【さし絵】

バーンズ芳恵（ばーんず・よしえ）
東京出身。1959年生まれ。1993年よりニューヨークに在住。受洗は1980年、日本ホーリネス教団高階キリスト教会で．現在はNYの日米合同教会のメンバーです。ずっと絵は描いてなかったのですが、コロナで仕事が休みになり、イラストを再開しました。絵のグループに入会、合同展示会に出品してます。家族は夫、娘と息子です。

# あとがき

先に出版したモーセ五書に続き、２０２０年３月８日から２０２１年９月19日にかけて、明野キリスト教会で、マルコ福音書の連続講解説教を行いました。全四巻のうちこの巻「時が満ちて」には、マルコ１章から３章までの15篇が収められています。

連続講解説教者として有名なのはカルヴァンですが、日本では改革派においても連続講解説教をする教会は少数派だと思われます。その理由には諸説があるようですが、よく言われるのは、日本はミッション・フィールド（宣教地）だということです。その日ただ一回限りしか聖書に触れることがないかもしれない人びと。その人びとには、有名な聖書箇所（グレート・テキスト）から、わかりやすいメッセージを語るのが効果的だという事情です。このタイプの説教は、ある主題を選び、その主題にふさわしい聖書箇所を語ることから「主題説教」と呼ばれます。

けれども、ぼくにはひとつの危惧がありました。主題説教の場合、説教者はあらかじめ「この聖書箇所はこの主題について語っている」、という予断をもって臨むことになります。例えば、「祈りの大切さを語ろう」と思い、それに合った聖書箇所を探すわけです。すると聖書そのものが語ることを聴き取ろうとするよりは、自分の意図に沿った聖書箇所を探すことになります。これだと、説教者が聖書から、説教者自身も知らない恵みを聴き取ることが難しくなります。つまり説教者自身の成長、説教者自身の神さまのイメージが大きくなっていくことが、起こりにくいのです。もちろん、連続講解説教には短所もあります。最大のものはそれが連続講解であるがゆえに、礼拝出席が飛び飛びであったり、初めて礼拝に出席した人びとにはハードルが高くなることです。連続講解説教者は、そんなハードルを下げるために、一回で完結する、力強い語り口で、その聖書箇所の前後の箇所との関連や、聖書全体に占めるその個所の位置について補足する配慮が必要になります。それでもなお、連続講解説教の長所である神さまイメージの成長はなにものにも代えがたいと感じています。

いつものように横浜指路教会の藤掛順一先生の説教を参考にさせていただきました。先生はすぐれた連続講解説教者で、このたびもたいへん助けられました。また、ぼくの主催する「神学集団・焚き火塾」に参加してくれている今井裕也さんのドキドキするような解説もぜひ読んでみてください。氏はお忙しい中、もうひとりの匿名氏と共に校正も引き受けてくださいました。YouTubeからの文字起こしはソラさんと匿名氏。挿絵はアメリカ在住のバーンズ芳恵氏が日本滞在中に仕上げてくださいました。

この書を準備中の2023年10月29日、ぼくが明野キリスト教会と共に兼牧している京都信愛教会の奥野清美さんが、突然の交通事故で召されてしまいました。茫然とする中で生まれたのが、この巻に収録した「イエスは清く美しく」です。ご主人である奥野信二氏が作曲、多那瀬真穂氏が楽譜起こし、演奏は奥野信二氏と、氏と共に「Bless」で活動する川路栄一氏、動画編集は川路信也氏です。遺された信二氏のためにどうぞお祈りください。ヨベル安田社長ご夫妻にはお礼の言葉もありません。2024年秋には『こどものための神のものがたり』(文：大頭眞一、和紙ちぎり絵：森住ゆき、発行：ミッションからしだね　CLCからしだね書店、発売元：ヨベル)の原画展が京都で開かれました。安田氏と京に遊び、またトークショーにごいっしょするなど、よき時となりました。

それでは主イエスの大いなる物語へ。それは今も続いている、ぼくたち自身の物語です。

大頭眞一

2024年　降誕祭

**大頭眞一**（おおず・しんいち）
1960年神戸市生まれ。北海道大学経済学部卒業後、三菱重工に勤務。英国マンチェスターのナザレン・セオロジカル・カレッジ（BA、MA）と関西聖書神学校で学ぶ。日本イエス・キリスト教団香登教会伝道師・副牧師を経て、現在、京都府・京都信愛教会 / 明野キリスト教会牧師、関西聖書神学校講師。

**主な著書**：『聖書は物語る』（2013、2023$^{8}$）、『聖書はさらに物語る』（2015、2024$^{5}$）、共著：『焚き火を囲んで聴く神の物語・対話篇』（2017）、『アブラハムと神さまと星空と　創世記・上』（2019、2024$^{3}$）、『天からのはしご　創世記・下』（2020、2022$^{2}$）、『栄光への脱出　出エジプト記』（2021、2024$^{2}$）、『聖なる神聖なる民　レビ記』（2021、2024$^{2}$）、『何度でも 何度で 何度でも 愛　民数記』（2021、2024$^{2}$）、『えらべ、いのちを　申命記・上』、『神さまの宝もの　申命記・中』（2023）、『いのち果てるとも　申命記・下』、『神さまの宝もの　申命記・中』（2023）、『聖化の再発見　ジパング篇』（2024、以上ヨベル）、『焚き火を囲んで聴く神の物語・聖書信仰篇』（2021年、ライフストーラー企画）、『焚き火を囲んで聴くキリスト教入門』（2023年、いのちのことば社）、『牧師・大頭の「焚き火日記」』（2024年、キリスト新聞社）、『こどものための神のものがたり』（2024年、発行：からしだね書店　発売：ヨベル）

**主な訳書**：マイケル・ロダール『神の物語』（日本聖化協力会出版委員会、2011、2012$^{2}$）、マイケル・ロダール『神の物語　上・下』（ヨベル新書、2017）、英国ナザレン神学校著『聖化の再発見 上・下』（共訳、いのちのことば社、2022）

ヨベル新書 102

**時が満ちて**　マルコの福音書 I

焚き火を囲んで聴く神の物語・新約聖書説教篇

---

2025年2月10日 初版発行

**著　者** —— 大頭眞一

**発行者** —— 安田正人

**発行所** —— 株式会社ヨベル　YOBEL, Inc.

〒113-0033 東京都文京区本郷 4-1-1-5F
TEL03-3818-4851　FAX03-3818-4858
e-mail：info@yobel. co. jp

---

**印刷** —— 中央精版印刷株式会社

**装幀** —— ロゴスデザイン：長尾 優

**配給元**—日本キリスト教書販売株式会社（日キ販）

〒162 - 0814　東京都新宿区新小川町 9 -1　Tel 03-3260-5670

　ISBN978-4-911054-44-4 C0216

---

【本のひろば2024年3月号再録】

## ユダヤ教徒とキリスト教徒を神の愛で繋ぐ説教集

大頭眞一著　「焚き火を囲んで聴く神の物語・説教篇8」

**いのち果てるとも――申命記・下**

新書判・232頁
定価1,210円
（税込）

評者：西原智彦

この説教集第8巻には、日本イエス・キリスト教団の大頭眞一牧師が明野キリスト教会で語った説教がまとめられています。このシリーズは、創世記前半を扱う第一巻「アブラハムと神さまと星空と」から始まり、出エジプト記、レビ記、民数記、申命記へと続く「モーセ五書」の説教集シリーズで、今回の第8巻は、その最後を締めくくる申命記16～34章の12の説教で構成されています。大頭牧師とは、福音主義神学の立場から性的少数者の課題に取り組む団体「ドリームパーティー」において共に活動しています。「あの温かい人柄と、情熱的な言動はどこから生じているのだろう？」と尊敬の念を抱いていました。

今回、光栄にも書評の依頼を受けて説教集を読み、「ああ、聖書に対するこの接し方に秘訣があるのだ」と納得し、聖書との付き合い方について大きな示唆を得ることができました。

最初に、メシアへの系譜となるユダヤ人と、彼らへの啓示の書としてのモーセ五書への敬意にあふれています。キリスト教徒は、モーセ五書を始めとした「タナハ」（旧約聖書）を、ユダヤ教徒とは異なる視点で解釈する「ナザレ派」として台頭しました。長年ユダヤ人が待ち望んでいた油注がれた王であるメシアが、イエス・キリストだと信じます。残念ながらAD2世紀以降のキリスト教徒のモーセ五書への接し方は、反ユダヤ的であり、多くの教父たちはタナハをユダヤ民族のルーツの書から、キリスト教徒のルーツの書として読み替えました。しかし大頭牧師は丁寧に申命記の意味をユダヤ人たちの視点で理解しています。イスラエルの三大祭りや、逃れの町を一足飛びにキリスト教的な予型的解釈に持ち込むことはしません。イスラエルの神がキリスト教徒の神でもあるという謙遜さの中で、「神に愛されているあなたがた」（33頁）という呼びかけによってユダヤ教徒とキリスト教徒を結ぶ説教姿勢に心打たれます。

次に、現代日本人がモーセの律法の言葉を自分のこととして受け止められる温かい視座を与えています。しばしば律法に関しては、「誰も守りきれる人はいないので、信仰のみで救われる」とか、「律法を守ることは、真の信仰者であるバロメーターだ」といった理解に傾く場合があります。大頭牧師は律法の文字の先に神の「み思い」を見出すことに力点を置いて、このように語ります。

「なんで神さまはそれをしちゃいけないとおっしゃるのか、神さまが愛しなさいと言われるのはどうしてか、その根本にあるご人格というか、ご性質というか、そういうものに近づけということなんです。」（141頁）旧約の神も新約の神も同じ神であり、その神の胸に抱かれて生きよ、という語りには、思わず飛び込んで行きたくなります。

最後に、申命記のお言葉からイエス・キリストのあがないを絶妙に、多様な手法で語っています。動物犠牲の規定からキリストの死による罪の赦しを語り（92頁）、聖絶という最も語り難いテーマから、十字架による悪の力への勝利を語り（81頁）、神の律法を成し遂げられない傷をキリストが十字架で負われた傷と重ねて癒やされる感化を語ります（127頁）。

律法の文字面の理解で終わらず、その真意を神の愛から受け取り、読者を神のかたちへの変貌へと誘おうとする説教は、言語行為論と物語神学を見事に融合させた、真に力ある神のことばの語りです。実に多くの「焚き火仲間」がこの説教集シリーズ作成を手伝っておられること自体がその力強い証しとなっています。

（にしはら・ともひこ＝日本バプテスト教会連合 金剛バプテスト・キリスト教会牧師）

【本のひろば2024年6月号再録】

## 日本における「聖化の再発見」のための必読書

大頭眞一と焚き火を囲む仲間たち編著

**「聖化の再発見　ジパング篇」**

評者：**林　牧人**

46判・240頁
定価1,870円
（税込）

北米由来のホーリネス運動は、日本においては中田重治という特別な器を得て、独自の進展を遂げ、今なお日本の教界全体に大きな影響を与えている。また、バックストンに連なる流れやナザレン教会といった拡がりを以て「きよめ派」と総称されることもままある。一方でいわゆる「主流派」に属するメソジスト教会は、日本においては日本基督教団の主たる構成要素の一つとしてあり、独自の教派教会としては存在しない。それゆえに、日本の文脈において「聖化」が論じられる際には、「主流派」と「きよめ派」との間の行き来が乏しいままとなり、互いの教理的立場について、旧態依然とした「思い込み」による誤認とズレが生じたままの現状がある。

およそ30年ほど前、この問題を自覚しつつ「日本ウェスレー・メソジスト学会」が設立されたが、これは、「主流派」と「きよめ派」を縦断する「聖化」にまつわる議論と探求を行うことの出来る場として、現在もなお唯一無二の存在である。本書に登場する人々の中にも、ここに関わる者たちが多くいるのは、決して偶然ではないだろう。無論、編著者である大頭眞一氏もまた、学会の会員である。

大頭氏率いる「焚き火塾」のメンバーによって翻訳され、2022年に出版された『聖化の再発見』(英国ナザレン神学校著、いのちのことば社)は、「きよめ派」の諸教会に「おおむね好意的に迎えられた」と評されている。その特徴は「①体験中心ではなく、神と人との関係中心に、②個人主義的ではなく、共同体としての教会の聖化、③内面だけではなく、世界の破れをつくろうために、④プルーフテキストとしてではなく、神の大きな物語としての聖書」とまとめられている。「関係論的聖化」と定義づけられ「聖化とは三位の神のダンスに招き入れられること」という主張は「きよめ派」内外にある「思い込み」に対して大きな一石を投じるものであったことは確かである。

今回の『聖化の再発見――ジパング篇』は、これらの課題認識を確認しつつ、どうしたら、長年の「思い込み」から解き放たれて、より広く深い聖化の出来事へと招かれ、生きることが出来るようになるのか、日本の文脈において考察した論集である。ボリュームに比して、「聖会」での説教あり、大頭氏ときよめ各派の指導者たちの対話あり、小論や書評ありと盛りだくさんな印象ではあるが、日本における「関係論的聖化」の定着による「聖化の再発見」を導くために必要なものとして、それぞれの論述が、かけがえのない光を放っている。

それら全てを貫いて、英国教会をとおして流れ込む東方教会的な影響を踏まえたジョン・ウェスレーの聖化理解に遡りつつ、それが、北米で個人主義的、体験主義的に変化して、日本にもたらされたことを自覚し、ウェスレーの聖化理解の豊かさを「再発見」し、「関係論的聖化」の具体化へと至る道筋を見出すことが出来るように導かれていくのである。

『聖化の再発見』本論に触れていなくとも、まずは本書を読むことによって、課題認識を得た上で、本論へと導かれることは必定である。「思い込み」から解き放たれるために、「主流派」、「きよめ派」のみならず、あらゆる人々に手にしていただきたい書物である。

（はやし・まきと＝日本基督教団西新井教会牧師、日本基督教団出版局『信徒の友』編集長）

ヨベルの既刊書（税込）

京都信愛教会／明野キリスト教会牧師　大頭眞一　**聖書は物語る**　一年12回で聖書を読む本

ISBN978-4-946565-84-7

**正木牧人氏・評**（神戸ルーテル神学校校長）本書の用い方を考えてみた。牧師が一般の人々に案内し教える。牧師が自分の学びのために用いる。神学校などの教材としては本書はちょうど1学期間で学べるよい長さだ。夫婦で学ぶ。高校生に教養として教える。大学生のサークルで学べる。教会学校の先生が聖書全体の流れを本書で把握するのもよい。

**9版準備中！**　A5判・一一二頁・一二一〇円（一一〇〇円＋税）

ISBN978-4-907486-19-8

大頭眞一　**聖書はさらに物語る**　一年12回で聖書を読む本

**工藤信夫氏・評**（精神科医）人々は恐らく世界中のベストセラーである聖書を知りたい、読みたいと願っている。にもかかわらず〝これまでのキリスト教〟は、なにか人々のニーズに応えかねているのではないだろうか。聖書を「神の物語」と捉えていることは興味深い。

**5版**　A5判・一一二頁・一二一〇円（一一〇〇円＋税）

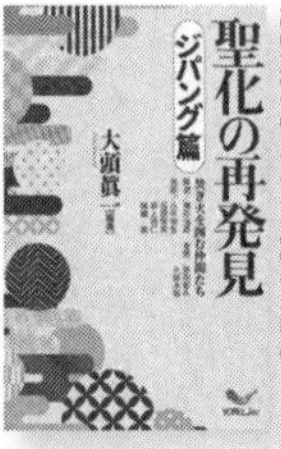


ISBN978-4-911054-12-3

大頭眞一編著　**聖化の再発見　ジパング篇**

**林　牧人氏・評**（西新井教会牧／『信徒の友』編集）本書は、課題認識を確認しつつ、長年の「思い込み」から解き放たれて、より広く深い聖化の出来事へと招かれ、生きることが出来るようになるのか、日本の文脈において考察した論集である。かけがえのない光を放っている。

四六判・二四〇頁・一八七〇円（一七〇〇円＋税）

わたしはヨーロッパ思想史を研究しているうちに、そこには人間の自己理解の軌跡がつねにあって、豊かな成果が宝の山のように、つまり宝庫として残されていることに気づいた。その結果、思想史と人間学を結びつけて、人間特有の学問としての人間学を探究しはじめた。……歴史はこの助走路である。……人間が自己自身を反省する「人間の自覚史」も同様に人間学を考察する上で不可欠であって、哲学・道徳・宗教・文芸において豊かな宝の山となっている。わたしは哲学のみならず、宗教や文芸の中から宝物を探し出したい。（本書より）

各巻・新書判・平均272頁・1320円

## キリスト教思想史の諸時代［全7巻別巻2］完結！

岡山大学名誉教授　金子晴勇

反響！　本巻全7巻完結！

Ⅰ　ヨーロッパ精神の源流［重版出来！］
Ⅱ　アウグスティヌスの思想世界［重版出来！］
Ⅲ　ヨーロッパ中世の思想家たち
Ⅳ　エラスムスの教養世界
Ⅴ　ルターの思索
Ⅵ　宗教改革と近代思想
Ⅶ　現代思想との対決
別巻1　アウグスティヌスの霊性思想
別巻2　アウグスティヌス『三位一体論』の研究

ISBN978-4-909871-27-5

ISBN978-4-909871-33-6

ISBN978-4-909871-34-3

ISBN978-4-909871-35-0

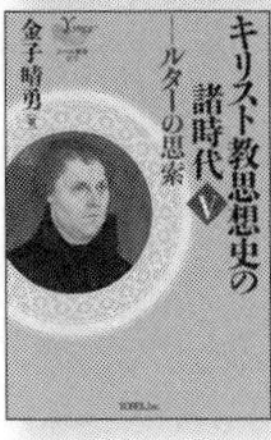


ISBN978-4-909871-36-7

ISBN978-4-909871-37-4

ISBN978-4-909871-38-1

ISBN978-4-909871-48-0

ISBN978-4-909871-49-7